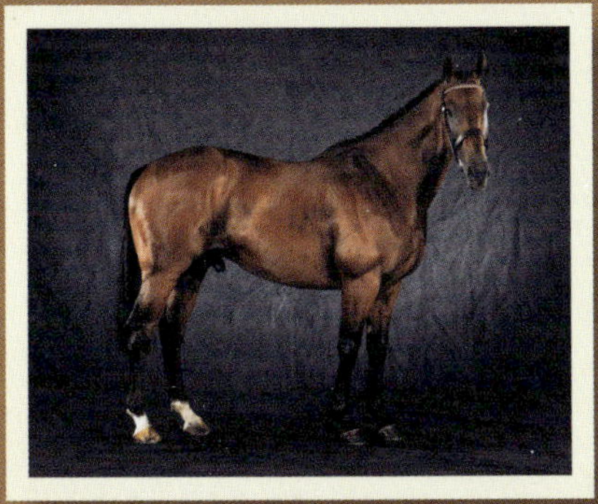

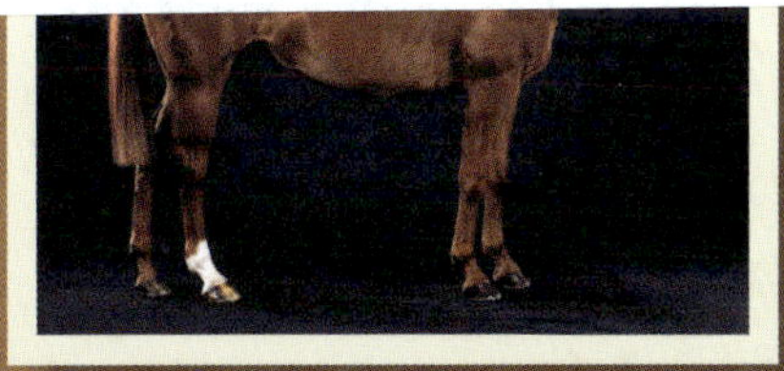

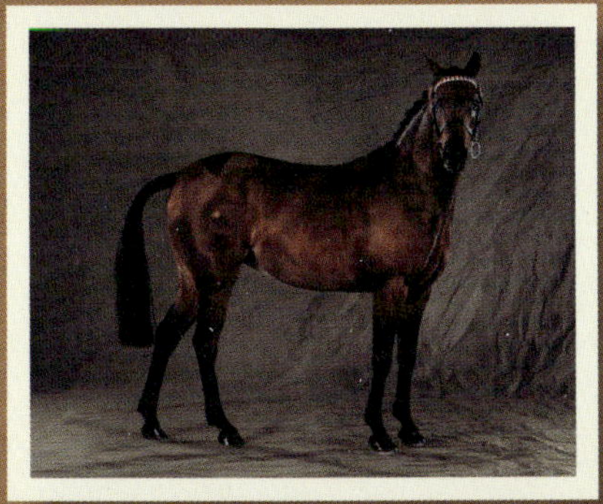

DES CHEVAUX REMARQUABLES

DES CHEVAUX REMARQUABLES

LIZ WRIGHT
photographies de ANDREW PERRIS

Éditions **CONTRE-DIRES**
27, rue des Grands-Augustins
75006 Paris

Dans la même collection :
Étonnants tracteurs
Des chats remarquables

Titre original : *Beautiful Horses*

Traduit de l'anglais par Flora Brunier

ISBN : 978-2-84933-309-9

www.editions-tredaniel.com
info@guytredaniel.fr

Ce livre a été conçu, fabriqué et produit par
Ivy Press
Directeur de la création **Peter Bridgewater**
Éditeur **Susan Kelly**
Rédacteurs en chef **Jayne Ansell & Jacqui Sayers**
Directeur artistique **Wayne Blades**
Concepteur **Ginny Zeal**
Photographe **Andrew Perris**
Illustrateur **David Anstey**

Imprimé en Chine

SOMMAIRE

INTRODUCTION

LE CHEVAL A JOUÉ UN IMMENSE RÔLE DANS LA CIVILISATION HUMAINE et représente pour nous un compagnon inestimable depuis des milliers d'années. Des premiers hommes, qui l'utilisèrent pour le transport de marchandises, aux hommes modernes, qui dépendaient totalement de sa force de bête de somme et qui en ont aussi fait un animal de bataille, il est impossible de sous-estimer l'importance du cheval dans le développement de l'histoire humaine. Bien que la mécanisation ait aujourd'hui remplacé de nombreuses tâches traditionnellement dévolues au cheval, il demeure dans certaines régions un animal de travail essentiel.

En plus de leurs utilisations plus fonctionnelles, les chevaux sont depuis longtemps populaires dans le domaine des loisirs et du sport. Les courses hippiques sont appréciées depuis plusieurs milliers d'années, et des disciplines comme le concours de saut d'obstacles (CSO), le concours complet et le dressage sont également bien établis. De nouveaux sports comme le horse-ball se développent et gagnent du terrain. La grande diversité des races modernes implique qu'il existe un cheval parfaitement adapté à chaque discipline, du minuscule poney SHETLAND – un excellent choix pour la course rapide avec obstacles (*scurry driving*) –, au PUR-SANG, dont la vitesse époustouflante est très demandée en course.

Ci-dessus : La relation entre l'homme et le cheval, qui remonte à des milliers d'années, est toujours aussi forte aujourd'hui.

Aussi variées que soient les races de chevaux, elles ont toutes un point commun – leur beauté –, chacune possédant des qualités uniques. Les concours célèbrent l'élégance et les caractéristiques de chacune des races, les chevaux étant présentés dans le but d'être jugés après avoir été minutieusement préparés pour leur passage dans la lumière. Notre photographe s'est rendu à l'un de ces concours pour capturer les splendides images de ce livre, révélant ainsi l'esprit et l'élégance de chacun de ces animaux.

Les photographies sont accompagées d'informations concises sur les caractéristiques propres à chaque race, sur la place passée et présente que celle-ci occupe près de l'homme, de détails sur la façon dont elle s'est développée, ainsi que sur sa parenté avec d'autres races. Les informations sur l'origine et la répartition géographique montrent d'où vient chacune des races, et jusqu'où elle est aujourd'hui répandue.

Vous découvrirez dans ce livre des spécimens de toutes tailles, de toutes formes et de toutes couleurs, mais une chose est sûre : leurs propriétaires sont tous des amoureux des chevaux. Les différents emplois du cheval ont certes changé au cours des siècles, mais son avenir semble assuré par tous ceux, nombreux, qui consacrent leur vie à soigner et à aimer ces animaux magnifiques.

LES CHEVAUX DANS LA CIVILISATION

L'HISTOIRE HUMAINE EST DEPUIS TRÈS LONGTEMPS LIÉE À CELLE DU CHEVAL. Non content de nous offrir sa puissance et sa vitesse depuis 4 000 ans, cet animal est également un symbole de force. Le plus ancien ancêtre du cheval, l'eohippus, qui vivait il y a quelque 55 millions d'années, faisait environ la taille d'un lièvre actuel, mais avec le temps, il a évolué vers le cheval que nous connaissons aujourd'hui.

Les chevaux et poneys actuels proviendraient de trois types distincts, formés par les divers environnements dans lesquels ils ont évolué. Des peintures rupestres datant d'environ 2 500 ans av. J.-C. nous ont aidés à comprendre à quoi ils ressemblaient. Les trois types en question étaient : le cheval sauvage asiatique primitif, connu sous le nom de « cheval des steppes » (qui existe toujours aujourd'hui, mais essentiellement en captivité, sous le nom de cheval de Przewalski) ; le type de race lente et lourde connue sous le nom de cheval des forêts ; et le Tarpan, plus raffiné, de l'est de l'Europe, connu aussi sous le nom de cheval des plateaux.

On pense que les premiers chevaux furent domestiqués par des nomades qui les utilisaient non pas pour les monter, mais pour transporter des biens, et aussi pour leur viande. La Mésopotamie a fourni l'un des premiers témoignages d'utilisation de chevaux en 2 000 av. J.-C., sous forme de récits et de peintures de chars. Les premiers éleveurs de chevaux à avoir laissé des traces écrites furent les Assyriens, qui élevaient des chevaux assez puissants pour porter des guerriers vêtus de lourdes armures, ouvrant ainsi la voie à cette quête, toujours d'actualité, de produire des chevaux plus grands et plus forts. On suppose aujourd'hui que les chevaux élevés par les Perses il y a 2 500 ans seraient les ancêtres des chevaux ARABES actuels.

Poursuivant cette quête d'une plus grande taille, des peuples comme les Goths, qui vivaient il y a 1 750 ans dans l'actuelle Europe du Nord et de l'Est, utilisaient les races des forêts pour produire de lourds chevaux de bataille. Du temps de l'Empire romain, l'emploi des chevaux pour la guerre, le sport et la traction de chars était très courant. Les armées se déplaçant à travers les pays et les continents, elles emmenaient leurs propres types de chevaux avec elles, influençant ainsi les races locales.

Ci-dessus : Peintures rupestres préhistoriques des grottes de Bhimbetka (site d'Inde inscrit au patrimoine mondial), montrant des hommes chassant dans la nature à dos de cheval.

Tout comme pour leur utilisation dans la guerre, les chevaux ont joué un rôle crucial dans la chasse, le transport et l'agriculture à travers les siècles. Le cheval a atteint son pic de popularité en tant qu'animal de labour au début des années 1800, mais depuis la mécanisation, il s'est trouvé un nouveau créneau comme animal de compétition sportive, de loisir et de compagnie.

LE DÉVELOPPEMENT DES RACES

À PARTIR DU MOMENT OÙ LES HOMMES ONT CONDUIT DES HORDES DE CHEVAUX et les ont utilisées pour le combat, des races distinctes ont commencé à se développer. Une race est essentiellement une réponse à un besoin : soit le besoin du cheval en question de tirer le meilleur de son environnement, à l'instar des robustes poneys indigènes, soit celui de l'homme d'améliorer les performances de l'animal – force, vitesse ou élégance par exemple – pour son propre usage. Si la plupart des races sont désormais établies, d'autres continuent à se développer, les besoins quant aux animaux de compétition, de loisir ou de compagnie étant en constante évolution.

À la fin du xxe siècle, il y eut une augmentation de l'usage du cheval demi-sang – développé par le croisement de chevaux de trait avec des PUR-SANG pour produire un formidable cheval de sport, très athlétique, courageux et endurant. C'est à peu près à la même période qu'est né le *stud-book* (registre d'élevage) du poney de compétition. La race avait simplement commencé avec des poneys indigènes que l'on avait croisés avec des chevaux ARABES ou de petits pur-sang pour produire des poneys destinés à être montés par les enfants (dits « poneys de selle »), avec des allures impressionnantes en concours. Plus récemment, les chevaux de couleur ont été subdivisés en des types comme les Vanner ou les Gypsy Cob traditionnels. Aujourd'hui, les éleveurs font également se reproduire des chevaux de couleur avec des pur-sang pour produire un cheval ou un poney de couleur suffisamment athlétique pour concourir en saut d'obstacles et en dressage de haut niveau.

Il existe dans le monde de nombreuses races de chevaux et de poneys qui se sont adaptées pour faire face au milieu dans lequel elles vivent, ainsi que pour répondre aux besoins des humains. On pense, par exemple, que le poney FJORD vivait déjà en Norvège avant l'ère des Vikings. Idéalement adapté à l'environnement montagneux, c'est aussi un poney parfait pour le transport de marchandises. L'histoire du cheval HANOVRIEN est plus moderne : il est le résultat de la création d'un étalon d'État en 1735 par George II, Électeur de Hanovre et roi d'Angleterre. Ce dernier, voulant fournir aux autochtones de bons étalons, fit importer des HOLSTEINER, introduisant plus tard du sang de pur-sang pour produire l'athlétique cheval de compétition que nous connaissons aujourd'hui.

Le but ultime des éleveurs est de maintenir les qualités traditionnelles, comme la vigueur chez les animaux indigènes, la puissance chez les animaux de trait et l'endurance chez les chevaux arabes, tout en répondant aux exigences du marché moderne. Les associations d'éleveurs et les concours hippiques renforcent ces critères, encourageant à n'élever que les meilleurs.

Ci-dessus : Évolution équine oblige, l'élevage et le croisement ont engendré les chevaux puissants, magnifiques et gracieux que nous connaissons et aimons aujourd'hui.

LES CRITÈRES D'ÉLEVAGE

LES CRITÈRES D'ÉLEVAGE DÉFINISSENT LES CARACTÉRISTIQUES de chacune des races. Ils représentent un objectif pour les éleveurs et les aident à choisir à partir de quels animaux il faut produire pour maintenir les critères et améliorer leur élevage. Ces critères sont en général fixés par les associations d'éleveurs et plus l'élevage est ancien, plus les critères existent depuis longtemps. Ils ne sont pas fixés par des particuliers, mais par des éleveurs expérimentés ou des juges de compétition.

Les critères d'élevage reflètent l'apparence de la race. Par exemple : sa hauteur (le SHETLAND ne doit pas excéder 107 cm) ; sa tête (le poney EXMOOR a de grands yeux proéminents et écartés, avec des contours pâles) ; sa couleur (la crinière et la queue du HAFLINGER doivent être d'un blond pâle).

Dans les élevages plus modernes, les critères reflètent aussi l'objectif pour lequel cette race a été développée. On attend du Hack, par exemple, qu'il fasse montre d'une très grande élégance, tandis que le MORGAN doit pouvoir exprimer le caractère de sa race : « La beauté du Morgan touche au cœur. La race n'existe que parce qu'elle enchante le public. C'est son héritage. »

Si différentes races sont jugées les unes à côté des autres, dans un concours mixte par exemple, elles seront considérées en fonction de leurs propres critères d'élevage, plutôt qu'en comparaison des unes avec les autres. Les critères d'une race peuvent également varier en fonction des régions du monde, les sociétés d'éleveurs de chaque pays fixant leurs propres normes, bien que le pays d'origine fournisse souvent un idéal général de la race.

Le maintien et, lorsque c'est nécessaire, la révision des critères d'élevage représentent une grande responsabilité. Les décisions, comme celle d'augmenter ou non la taille des poneys indigènes, qui refléterait leur meilleure nutrition, et la demande d'un type de poneys de selle plus grands, doivent être pesées contre la potentielle perte d'autres caractéristiques qui définissent cette race, comme sa robustesse. Ces questions se posent pour toutes les races, l'emploi du cheval évoluant sans cesse. Depuis le XXe siècle, les chevaux n'ont plus à parcourir des kilomètres jusqu'aux lieux des concours, ils sont désormais transportés en camion – cela signifie-t-il que l'endurance n'est plus essentielle ? Seuls les experts et les éleveurs de premier plan peuvent en décider, et leurs décisions pèsent lourd, puisqu'elles auront de profondes répercussions sur l'avenir. En cela, les concours jouent un rôle très important et fonctionnent essentiellement comme une « vitrine » pour l'éleveur.

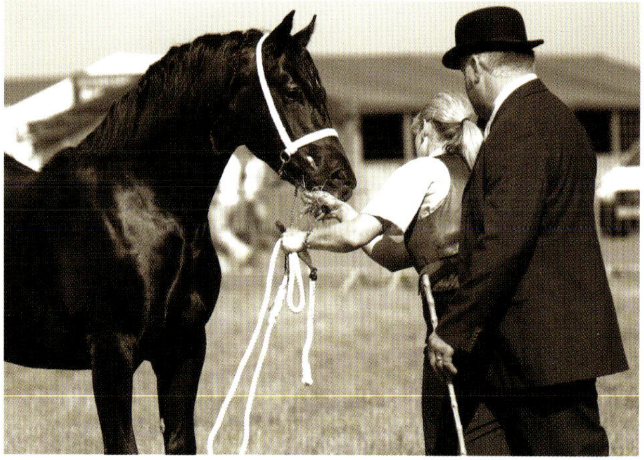

Ci-dessus : Les critères d'élevage sont fixés par les associations d'éleveurs, et des juges expérimentés sont habilités à juger une ou plusieurs races.

LES CONCOURS

En bref, IL S'AGIT DE MANIFESTATIONS OÙ PROPRIÉTAIRES ET ÉLEVEURS viennent présenter leurs chevaux et leurs poneys sous leur plus beau jour, en compétition, pour qu'ils soient jugés par des experts. Au début du XIXe siècle, la révolution agraire a vu naître de nombreux salons d'agriculture et, avec eux, la création des premiers concours pour les chevaux de travail, célébrant la meilleure race employée pour le travail agricole et, plus tard, pour le travail de trait.

À la fin des années 1800, d'autres épreuves hippiques furent ajoutées, la popularité de ces concours allant grandissant, et des prix furent également décernés aux chevaux de chasse et aux chevaux de selle. Dans les années 1930, les épreuves pour les poneys furent introduites, et les gens prirent de plus en plus conscience de la valeur de leurs propres animaux de race indigène. Ce ne fut qu'au milieu des années 1950 que ces concours commencèrent vraiment à se diversifier en une large gamme de catégories, de nouvelles associations, comme les Poneys de Grande-Bretagne, devenant un point de référence avec leurs programmes variés et leurs récompenses prestigieuses.

Ces compétitions continuèrent à remporter un franc succès au Royaume-Uni, tandis que partout dans le monde, de plus grands et plus prestigieux concours ne cessèrent de fleurir. Les éleveurs et les passionnés de chevaux allemands, par exemple, prenaient les performances de leurs chevaux très au sérieux. Au festival Equitana de Hengste, le concours d'étalons présente des demi-sang et des poneys de selle reproducteurs de premier plan (étalons établis et futurs étalons), se produisant devant un public de 5 000 personnes. Aux États-Unis, les foires d'État comprennent des épreuves accueillant tous types de chevaux et d'équitation. Partout dans le monde, des épreuves ont été ajoutées pour de nouveaux besoins et de nouvelles races, nombre d'entre elles ayant été importées d'autres pays.

Les concours fixent des normes et les compétiteurs doivent non seulement produire un cheval répondant aux critères de sa race, mais qui soit aussi impeccablement élégant et présenté sous son meilleur aspect devant les juges. Cela requiert un entraînement à haut niveau, et pour le cheval, et pour son dresseur. Le cheval doit non seulement faire preuve d'obéissance envers son cavalier ou son dresseur, mais aussi ne pas se laisser perturber par la foule, les lumières et les bruits dans l'arène.

Pour les propriétaires et les éleveurs, en plus de maintenir les critères d'élevage à leur plus haut niveau – ce qui représente une entreprise très sérieuse –, participer à des concours est aussi un plaisir et un moyen de partager sa passion avec des personnes de même sensibilité.

Ci-dessus : Ce cheval à l'élégance irréprochable et à la splendide robe grise tachetée surmontée d'une tresse forme avec son cavalier un couple parfait.

LA PRÉPARATION AUX CONCOURS

DES SEMAINES, VOIRE DES MOIS AVANT UN CONCOURS, les éleveurs et les propriétaires doivent choisir les chevaux qu'ils vont présenter – ils les évaluent pour repérer les meilleurs, puis le travail de préparation commence sérieusement pour que chaque cheval soit prêt pour le grand jour.

Pour une épreuve « en main » (quand les chevaux ne sont pas montés, mais conduits à la main), le cheval doit être en parfaite condition physique et cela ne se fait pas en un jour. Des semaines d'alimentation, de toilettage et d'exercices optimums sont requis pour transformer un cheval en un merveilleux champion raflant tous les prix. Cela nécessite des heures de patience dans la carrière pour entraîner le cheval à rester immobile, les quatre jambes dans la position qui convient à sa race, à trotter sur commande et à marcher au pas d'une manière élégante et détendue – tout cela est nécessaire pour réussir l'examen devant les juges. Le dresseur aussi doit apprendre à présenter son cheval, être persuadé que sa présentation est la meilleure et l'assumer avec fierté et adresse. Il doit également être en assez bonne condition physique pour courir à côté du cheval, lui permettant ainsi d'exécuter ses différentes allures.

La date du concours approchant, les soins s'intensifient. On choisit un couvre-chef pour le cheval en accord avec les critères définis par les normes de sa race – des licols blancs comme neige sont requis pour les juments COB GALLOIS, les chevaux de trait sont censés porter une couverture finement ouvragée ; des brides simples mais parfaitement ajustées et propres sont obligatoires pour les chevaux de chasse ; enfin, poneys et chevaux de selle doivent porter des bridons frontaux brillants.

Le jour précédant le concours, chaque parcelle du cheval est minutieusement lavée. Les jambes blanches sont blanchies à la perfection, et les queues blanches peuvent être lavées avec des préparations spéciales pour qu'elles brillent davantage – chaque exposant procède à sa manière pour y parvenir. On utilise des couvertures et parfois des capuches pour que le cheval ne se salisse pas pendant la nuit, mais il existe aussi un kit de toilettage d'urgence pour essuyer toute tache d'herbe ou imperfection, et pour parfaire les finitions.

On peut utiliser des lotions pour intensifier le contour des yeux, faire luire et accentuer la brillance de la robe. Certaines races doivent avoir la crinière et la queue tressées, et le nombre de tresses peut créer l'illusion d'une encolure plus longue ou plus courte. Enfin, pour les grands concours avec représentation en soirée, on peut appliquer des paillettes reflétant les lumières, pour une véritable impression de conte de fées.

Ci-dessus : La crinière est la plus grande fierté du cheval, et une crinière soigneusement tressée peut visuellement allonger ou rétrécir l'encolure de l'animal.

DU POINT DE VUE DU JUGE

POUR LE CONCOURS, LA CARRIÈRE SERA arrangée en cercles, chacun d'eux accueillant plusieurs épreuves tout au long de la journée. Certains cercles peuvent contenir des obstacles pour les catégories de trait, de chasse, de style ou poney, et d'autres peuvent être agencés pour le dressage. Un cercle sera alloué aux organisateurs, et les juges devront évaluer les catégories admises, en fonction de leur domaine d'expertise.

Dès l'instant où le juge pénètre dans le cercle, il est en charge de l'épreuve, et son jugement fait foi. Toutes les catégories sont jugées de manière spécifique, selon les critères de la race. Les juges doivent savoir ce qu'ils vont demander aux compétiteurs et ce qu'ils attendent d'eux, et aussi maîtriser parfaitement les critères des races qu'ils jugent. C'est le travail du compétiteur de présenter son cheval de telle manière qu'il puisse être correctement jugé – si un cheval ne veut pas s'arrêter, ni marcher au pas, ni trotter, le juge ne peut pas l'évaluer correctement.

L'exubérance et la fougue sont permises dans certaines catégories, comme celles qui présentent de jeunes poulains, mais ces derniers doivent aussi effectuer leurs allures correctement et rester à l'arrêt pour pouvoir être examinés.

Dans une épreuve « en main » typique, le juge commence par observer les chevaux marchant au pas autour du cercle, et se fait ainsi une première impression de leur type et de la façon dont ils se déplacent . Il examine chaque cheval individuellement afin de déterminer si c'est un bon exemple de sa race ou de son type. Le juge a ensuite une deuxième chance d'observer le comportement du cheval lorsqu'il est éloigné – il vérifie si tout est correct vu de derrière – et lorsqu'il est ramené au trot. Cela lui permet d'évaluer le mouvement du cheval sous tous les angles. Le juge peut alors refaire le tour de l'alignement, avant de placer les chevaux dans leur ordre final. L'épreuve se termine par un glorieux trot autour du cercle, les gagnants se trouvant devant.

Dans une épreuve montée, l'accent est mis sur l'obéissance du cheval envers le cavalier et sur son allure. Un cheval de chasse monté devra présenter toutes les allures, mais en particulier un galop de qualité, tandis qu'un poney pour enfants doit être bien élevé. Dans les épreuves d'attelage, le cheval doit suivre à tout moment les instructions du conducteur.

Quelle que soit la catégorie dans laquelle concourt le cheval, il sera scruté de près par les yeux experts du juge.

Ci-dessus : La rosette rouge représente généralement le prix ultime en Grande-Bretagne, mais indique la deuxième place en Amérique, tandis que le bleu y est la couleur du vainqueur.

LES CHEVAUX

Que vous soyez un amoureux des chevaux amateur ou un équiphile expert, cette SUBLIME GALERIE vous mettra sûrement le pied à l'étrier. Ne galopez pas trop vite à travers notre *haras de 40 chevaux* ; chacun mérite un examen minutieux. Jugez vous-même comme ils ont fière allure !

LE SHIRE

HONGRE

Connu à la fois comme gentil géant et puissant cheval de trait, le SHIRE descendrait du « Great Horse » du Moyen Âge, développé pour porter les hommes en armure. Les Shire modernes sont souvent vus en concours, soit en attelage, soit en main, crinières et queues tressées de façon traditionnelle – à l'origine, un moyen d'éviter que leurs crins ne se prennent dans l'équipement qu'ils tiraient.

Caractéristiques

Leurs fanons (les longs poils autour des pieds) sont immaculés et peignés pour la présentation. Les Shire peuvent être noirs, bais ou gris – les couleurs sombres venant de leur héritage européen. Ils pèsent jusqu'à 1 tonne.

Utilisations

Du fait de sa taille, de sa force et de son endurance, le Shire a joué un rôle clé dans les lourds travaux agricoles et le travail de trait dans les moyennes et grandes villes. On pouvait voir les Shire tirer des chariots de brasseur, des wagons de charbon, tracter des bûches et charger du matériel sur les quais. Si quelques Shire de trait subsistent, la plupart sont aujourd'hui présentés dans les foires et les concours, nous rappelant le rôle qu'ils ont joué par le passé.

Races apparentées

On pense que le Shire est né du croisement du « Great Horse » avec des chevaux des Flandres et des Frisons d'Europe. Il est également apparenté au Clydesdale.

Taille

Étalon ....167–178 cm

Jument ....162–173 cm

Origine & répartition géographique

Élevé principalement dans les comtés des Midlands et de Cambridgeshire au Royaume-Uni, ce cheval a pris le nom de Shire en 1884 ; il a aussi été connu sous le nom de Old English Cart Horse (vieux cheval de trait anglais). Ayant été exporté partout dans le monde, il est aujourd'hui largement répandu.

MORGAN

Jument

Cette race, aujourd'hui réputée pour sa beauté et son élégance en concours de présentation, était à l'origine un cheval de ferme capable de travailler très dur. L'étalon originel, Justin Morgan, était très puissamment bâti et remporta divers concours de traction de bûches. Ces mêmes racines lui confèrent aussi sa nature douce. En 1961, le MORGAN fut nommé animal officiel de l'État du Vermont et, en 1970, cheval officiel de l'État du Massachusetts, aux États-Unis.

Caractéristiques

Cette race est réputée pour sa taille compacte, sa tête alerte et raffinée, et ses allures bien définies. Sa robe peut être noire, baie, bai brun ou alezane, et ne présente aucune tache blanche au-dessus du genou, excepté sur la tête.

Utilisations

Autrefois utilisés pour les activités militaires, agricoles et d'attelage, les Morgan font partie de l'histoire américaine. Leur popularité a décliné au début du XIXe siècle, mais aujourd'hui, ils sont présents dans chaque discipline, de l'équitation de loisir, aussi bien classique que western, au dressage, en passant par le saut d'obstacles et l'endurance. Également chevaux d'attelage, ils excellent à la course.

Races apparentées

On pense que le Morgan pourrait être apparenté au pur-sang et au cheval arabe, et avoir aussi du sang hollandais.

Taille

Étalon ....144–158 cm

Jument ....144–158 cm

Origine & répartition géographique

C'est la seule race descendant d'un seul étalon, Justin Morgan (qui porte le même nom que son propriétaire initial). La race a prospéré à travers les États-Unis, mais on la rencontre aussi au Canada, au Royaume-Uni, dans tout le reste de l'Europe, en Australie et en Nouvelle-Zélande.

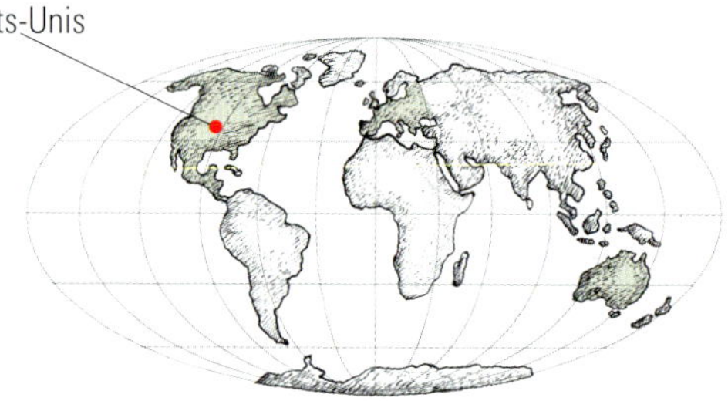

LE SUFFOLK

HONGRE

Le SUFFOLK (aussi connu sous le nom de Suffolk Punch) était réputé peu coûteux, car il avait besoin de moins de nourriture que d'autres chevaux de trait de taille similaire. Sa nature placide est citée comme l'une des raisons de sa longévité naturelle. En comparaison d'autres races, le Suffolk mûrit aussi plus tôt – travaillant à environ trois ans –, tandis que d'autres races ne sont parfois prêtes qu'à l'âge de quatre ou même de cinq ans.

Caractéristiques

Tous les chevaux Suffolk sont d'une riche couleur alezane et leur morphologie particulière présente un corps grand et puissant monté sur des jambes courtes et robustes, qui n'ont que très peu, voire pas de fanons. Ils peuvent peser jusqu'à 1 tonne.

Utilisations

Le bon tempérament du Suffolk, sa force, sa maturité précoce, sa solidité (absence de boiterie) et son entretien peu coûteux en font un cheval de ferme idéal. Ses jambes écartées et son absence de fanons lui permettent de travailler dans les cultures sans les abîmer. Jadis, il travaillait aussi sur les routes, tirant toutes sortes de marchandises, des produits agricoles à des omnibus.

Races apparentées

Les premières références au Suffolk remontent au début du xve siècle. Bien que son origine soit méconnue, on pense qu'il est plus proche du Haflinger que d'autres races de chevaux lourds.

Taille

Étalon ....163–171 cm

Jument ....163–171 cm

Origine & répartition géographique

Comme son nom le suggère, cette race est originaire du comté de Suffolk, en Angleterre. Elle a été exportée en Russie, en Amérique du Nord et du Sud, en Australie, en Afrique et en Europe, mais figure sur la liste des races rares au Royaume-Uni et aux États-Unis.

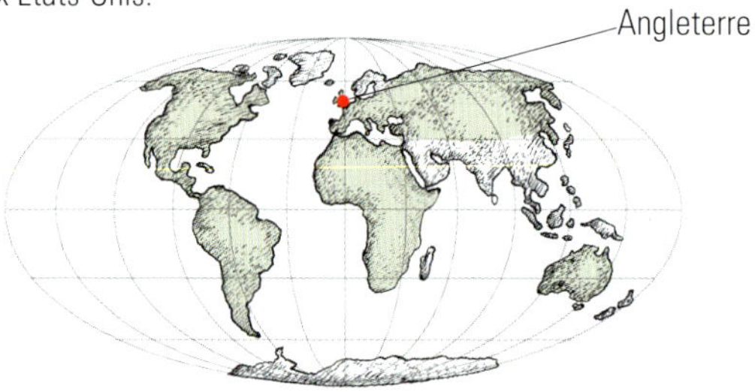

LE CONNEMARA

Jument

Le CONNEMARA est un poney connu pour ses prestations remarquables, comme sa morphologie et ses allures le démontrent. Fort et résistant, il ajoute à son intelligence et à son tempérament coopératif l'expérience de son passé de travailleur, tandis que l'influence de son sang espagnol et arabe lui confère courage et qualité. On pense aujourd'hui que la légende selon laquelle il descendrait de chevaux de l'Invincible Armada ayant nagé jusqu'au rivage est erronée – l'échange commercial est une hypothèse plus probable.

Caractéristiques

Ses épaules bien inclinées lui permettent des mouvements libres, tandis que sa longue encolure cambrée offre une bonne longueur de rênes. Sa robe est généralement grise mais peut être isabelle (brun grisâtre), baie, bai brun, noire et parfois alezane.

Utilisations

Sur la côte ouest de l'Irlande, il était attelé pour transporter les algues. Lorsqu'il a gagné l'intérieur des terres, il a bénéficié d'un régime plus riche et a grandi, tout en conservant sa vigueur. On le trouve dans toutes les sphères, du saut d'obstacles au concours complet junior et au poney-club, en passant par le dressage et l'attelage. C'est un poney de selle solide et fiable.

Races apparentées

On pense que les Vikings ont amené avec eux des poneys, si bien que la race aurait du sang scandinave en plus de son ascendance espagnole. Au début du xxe siècle, la race fut améliorée avec du sang pur-sang et arabe, mais aujourd'hui, son *stud-book* est fermé.

Taille

Étalon ....jusqu'à 148 cm

Jument ....jusqu'à 148 cm

Origine & répartition géographique

Comme son nom le suggère, cette race est originaire d'Irlande, d'une région isolée et rocheuse du comté de Galway. De nos jours, elle est présente aux États-Unis, en Australie, en Nouvelle-Zélande, en Scandinavie et en Europe.

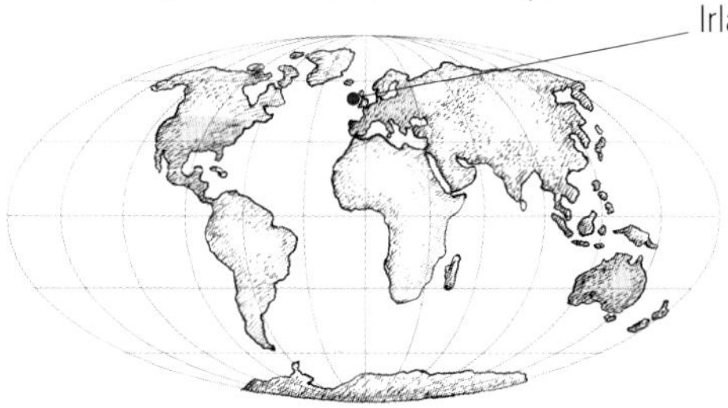

LE CLYDESDALE

Jument

Le CLYDESDALE est un cheval de ferme et de trait traditionnel écossais, connu comme race « active ». Cela signifie qu'il doit montrer une action lorsqu'il se déplace : lorsqu'il lève les jambes, chaque fer doit être visible de l'arrière. Il a la réputation d'avoir des membres et des pieds exceptionnels et, même si c'est un cheval moins sollicité qu'avant, ces atouts sont toujours très importants en concours, assurant la force future de la race.

Caractéristiques

Il présente un dos court et un corps athlétique, avec une longue encolure cambrée et des yeux intelligents. Sa robe est baie, bai brun ou noire, et la tête et les jambes présentent souvent beaucoup de blanc, qui peut se prolonger sur le corps. L'éclair sur le corps est connu comme « la marque du Clydesdale ».

Utilisations

Sa robustesse a été utilisée à bon escient, le Clydesdale étant un cheval de ferme polyvalent, aussi heureux au labour qu'au transport de lourdes charges sur des terrains accidentés. La nature gentille et docile de cette race en fait le cheval idéal pour travailler en duo ou en équipe, capable de tirer des poids phénoménaux.

Races apparentées

Dans la seconde moitié du xxe siècle, les Shire étaient utilisés pour développer le Clydesdale comme cheval agricole. Il était produit à l'origine pour transporter plus que pour tracter, mais l'élevage de sélection et l'introduction de sang flamand ont développé son potentiel de trait.

Taille

Étalon ....175–183 cm

Jument ....170–178 cm

Origine & répartition géographique

C'est une race écossaise, née dans le Lanarkshire. Elle a été exportée dans le monde entier jusqu'en Amérique du Nord, en Australie, en Amérique du Sud, en Russie et dans toute l'Europe.

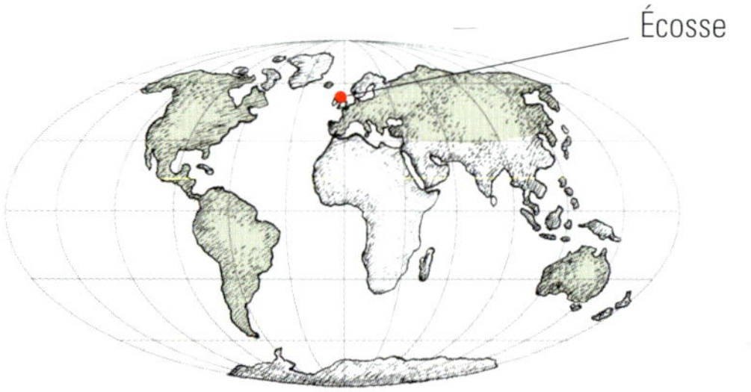

LE BAI DE CLEVELAND

HONGRE

Bien qu'il fasse partie des plus anciennes races britanniques pures, le BAI DE CLEVELAND a atteint la notoriété par son aptitude à se reproduire avec d'autres races, ajoutant carrure, taille et endurance à des animaux plus légers. Hélas, cela causa une baisse considérable du nombre de chevaux de pure race, même si, heureusement, on s'intéresse aujourd'hui de nouveau à la race en elle-même. Les concours ont largement contribué à ce regain d'intérêt.

Caractéristiques

Comme son nom l'indique, sa couleur est baie avec des parties noires – à savoir les jambes, la queue et la crinière. Une petite étoile blanche sur le front est également permise. Ce cheval est bien bâti, avec de puissants membres et un corps épais, lui conférant solidité et endurance pour l'équitation et l'attelage. Sa tête, qui respire l'intelligence, est surmontée de grandes oreilles fines.

Utilisations

Doué et endurant dans tous les domaines, le Bai de Cleveland, capable de porter de lourds cavaliers, peut aussi s'illustrer sur un terrain de chasse ou en saut d'obstacles. C'est aussi un excellent cheval d'attelage – le mari de la reine Élisabeth II, le Prince Philip, utilise en compétition d'attelage des équipes de races pures et demi-sang. Le Bai de Cleveland est également l'une des races de chevaux qui tire les calèches royales (royal mews) en Grande-Bretagne.

Races apparentées

L'Arabe, l'Andalou, le Barbe et le pur-sang ont tous contribué au développement du Cleveland comme cheval de carrosse. Mais il se distingue entièrement de ces races.

Taille

Étalon ....162–168 cm

Jument ....162–168 cm

Origine & répartition géographique

Principalement élevé à Cleveland, dans le nord-est de l'Angleterre ; c'est de là qu'il tire son nom. Il a été développé à partir d'une race encore plus ancienne, le cheval de Chapman. On le trouve aujourd'hui en Europe, en Amérique du Nord, au Canada, en Afrique du Sud, en Asie et en Australie.

LE SHETLAND

Jument

Plus petite des races britanniques indigènes, le poney SHETLAND possède une force qui contraste avec sa petite taille. Il s'est aussi remarquablement bien adapté au rude environnement des îles du nord de l'Écosse, qui lui donnent son nom, et à la faible qualité de pâturage que l'on y trouve. Même ses mouvements, lorsqu'il lève les jambes, reflètent le terrain rocailleux qu'il doit parcourir sans trébucher.

Caractéristiques

Vigueur, intelligence, petite taille et force forment les caractéristiques dominantes de cette race minuscule. Sa robe peut être de n'importe quelle couleur, excepté tachetée. Le Shetland donne une impression générale de robustesse et de vitalité. La crinière et la queue doivent être longues et fournies.

Utilisations

De nos jours, le Shetland est traditionnellement le premier poney d'un enfant et concourt à la fois dans la catégorie « monté » et en sauts d'obstacles, mais récemment, la popularité du scurry driving (course rapide d'attelage menée par deux poneys) a suscité beaucoup d'intérêt pour le Shetland comme poney d'attelage. Autrefois, les habitants des îles Shetland l'employaient comme bête de somme pour transporter des produits agricoles du champ à la ferme, puis de la ferme au marché. On l'utilisait aussi pour travailler dans les mines de charbon.

Races apparentées

Son origine îlienne a maintenu la pureté de sa race, même s'il pourrait partager des ancêtres communs avec d'autres poneys indigènes européens.

Taille

Étalon ....jusqu'à 107 cm

Jument ....jusqu'à 107 cm

Origine & répartition géographique

Les petits poneys sont connus dans les îles Shetland depuis l'âge de bronze. Le Shetland est sans doute né du croisement du poney nordique de la toundra et du poney des montagnes du sud de l'Europe, avec un afflux de sang des visiteurs scandinaves. On le rencontre partout dans le monde, y compris dans les îles Malouines et autour du cercle arctique.

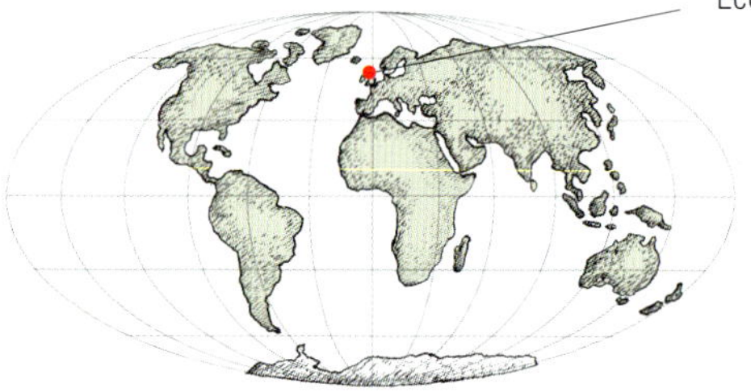

LE NEW FOREST

HONGRE

Poney polyvalent et de bonne composition, le NEW FOREST est doué dans absolument tous les domaines. Les différents croisements ayant développé sa qualité à travers les années, ce poney est un survivant robuste qui s'est bien adapté aux défis de la vie sauvage dans les bois. Son agilité et son adaptabilité naturelle font qu'il est aussi heureux en concours de présentation qu'en CSO, et qu'il peut briller dans de nombreuses sphères.

Caractéristiques

Il peut être de n'importe quelle couleur, excepté pie ou crème aux yeux bleus. Pas de marques blanches ailleurs que sur la tête et les membres inférieurs. Sa croupe est joliment dessinée, et il a une belle largeur de corps avec des pieds durs et ronds. Son action est libre et déterminée, mais sans mouvement excessif des genoux. Son tempérament permet un entraînement optimal.

Utilisations

Excellent poney de selle pour les adultes de poids léger et les enfants, il s'avère aussi bon en attelage, prêtant sa stabilité aux deux disciplines. En concours, il est généralement présenté avec crinière et queue naturelles et obtient également de bons résultats en saut d'obstacles et en dressage.

Races apparentées

De nombreux croisements ont formé le New Forest, notamment avec le pur-sang, le cheval arabe et le Hackney, qui ont augmenté sa taille. Les races indigènes comme l'Exmoor, le Dales et le Dartmoor ont été utilisées pour maintenir ses caractéristiques de poney.

Taille

Étalon ....jusqu'à 148 cm

Jument ....jusqu'à 148 cm

Origine & répartition géographique

Les poneys sauvages ont vécu dans la New Forest, au sud de l'Angleterre, pendant au moins 900 ans. La race est aujourd'hui standardisée avec un *stud-book* et a été exportée en Europe, en Scandinavie, en Amérique du Nord, en Australie et en Nouvelle-Zélande.

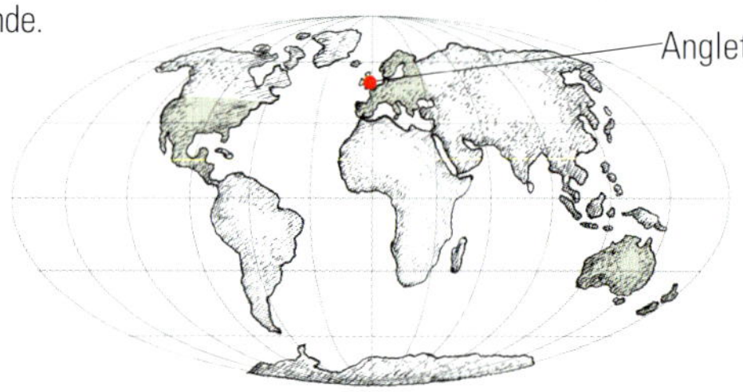

LE DALES

Étalon

Le poney DALES est la plus grande et la plus lourde des races britanniques indigènes. Il mérite vraiment sa description de race puissante, active et intelligente. Son mouvement est saisissant, ses puissants jarrets le poussant en avant pour lever les genoux, mais son action est franche et déterminée. Le corps est compact, les oreilles souvent courbées vers l'intérieur et le front large.

Caractéristiques

Avec sa crinière et sa queue bien fournies, ses fanons fins et soyeux sur les talons et son trot actif distinctif, il ne passe pas inaperçu en concours. Sa robe est généralement de couleur noire, baie et bai brun, et plus rarement grise. Mais il ne doit pas présenter trop de taches blanches.

Utilisations

Le Dales, qui peut porter des adultes pesant jusqu'à 100 kg, s'avère aussi un puissant et fiable cheval de trait. Son tempérament docile et son intelligence lui permettent de bien s'adapter à d'autres disciplines, comme le saut d'obstacles, et c'est un excellent poney de selle sur longues distances. Autrefois, les Dales travaillaient dans les mines de plomb, supportant de lourdes charges, à la fois sous terre et à la surface. L'armée britannique a utilisé ces poneys pendant les deux guerres mondiales.

Races apparentées

Le Fell et le Dales ont des ancêtres communs. Le Cob gallois (Welsh section D) a sans doute influencé la race, comme ses allures le prouvent, et le Frison et le Clydesdale ont peut-être aussi joué un rôle.

Taille

Étalon ....jusqu'à 148 cm

Jument ....jusqu'à 148 cm

Origine & répartition géographique

Le Dales est originaire de la partie orientale des Pennines du Yorkshire, au Royaume-Uni, et a été élevé dans le nord de l'Angleterre pendant de nombreuses années. Aujourd'hui, on le trouve en Europe, en Amérique du Nord, en Scandinavie et en Australie.

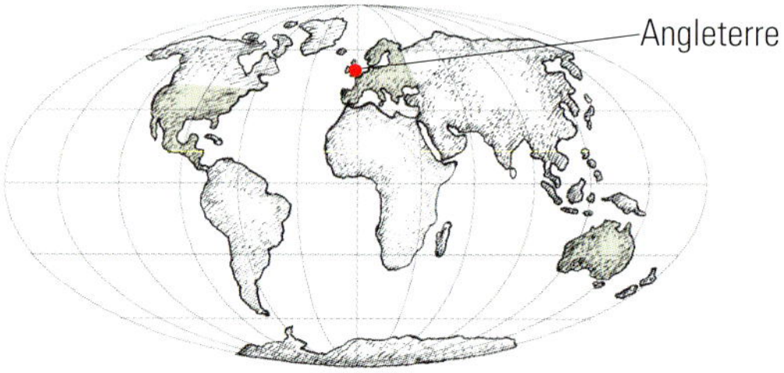

L'APPALOOSA

HONGRE

L'APPALOOSA est surtout connu pour le modèle tacheté unique de sa robe – c'est pourquoi on l'appelle communément « cheval tacheté ». En plus de cette particularité, la race partage aussi d'autres caractéristiques, comme des pieds solides (et souvent rayés). L'Appaloosa est le cheval officiel de l'État de l'Idaho, aux États-Unis.

Caractéristiques

Cinq modèles principaux de robe sont possibles : capé – une large zone blanche avec une couleur contrastée (parfois des taches) recouvrant généralement la croupe ; léopard – une robe blanche parsemée de taches noires sur tout le corps ; flocon de neige – un cheval sombre avec des taches blanches ; givré – quelques taches sur une robe unie ; et une base « solide » – une couleur unie montrant d'autres caractéristiques de la race. Il présente un peu de peau tachetée rose et noir autour des lèvres, du museau, des naseaux ou de l'œil.

Utilisations

Très fortement estampillée américaine, cette race est utilisée pour toutes formes de western, y compris comme cheval d'allure ; on l'appelle alors « Walkaloosa ». Si on l'emploie également en endurance, en saut et en dressage, c'est surtout un cheval dont on raffolent dans les concours de présentation, et qui attire un public sensible à sa beauté, venu admirer la diversité de ses couleurs de robes.

Races apparentées

Il est apparenté au British Spotted Pony (poney tacheté britannique) et au Knabstrupper. Dérivés des chevaux espagnols laissés par les conquistadors en Amérique, les chevaux tachetés devinrent les favoris de la tribu amérindienne des Nez-Percés, en Idaho, qui pratiquaient l'élevage sélectif.

Taille

Étalon ....148–158 cm

Jument ....148–158 cm

Origine & répartition géographique

L'Appaloosa est originaire des États-Unis, en particulier des régions qui entourent l'Idaho, le nord-est de l'Oregon et le sud-est de l'État de Washington. Il est aujourd'hui prisé dans le monde entier, d'abord promu par une association britannique, puis par une association européenne. On le trouve aussi en Australie et en Nouvelle-Zélande.

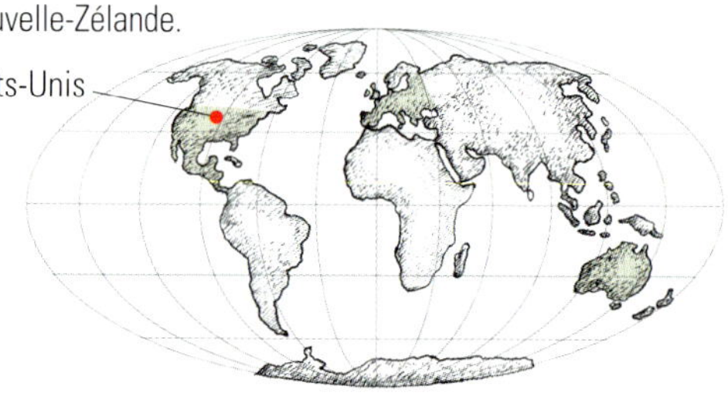

LE DARTMOOR

HONGRE

Le poney DARTMOOR a connu un rapide déclin après la Première Guerre mondiale. Il a aujourd'hui un statut de race rare en Grande-Bretagne, bien qu'il soit un choix répandu chez les exposants, à la fois en main et sous la selle, comme poney pour les enfants. Originaires des rudes landes du Dartmoor dans le sud-est de l'Angleterre, ces poneys sont très robustes, mais leur tempérament est exceptionnellement doux ; c'est un plaisir de s'occuper d'eux.

Caractéristiques

Avec une petite tête de poney caractéristique et de petites oreilles alertes, ce séduisant poney aux petits pieds durs et forts possède un corps puissant et musclé, avec une queue assez haut placée. Il peut être bai, bai brun, noir, gris, alezan ou rouan – de trop nombreuses marques blanches sont déconseillées.

Utilisations

Son encolure naturellement longue fait de lui un poney d'équitation sûr pour les enfants, car il offre au cavalier un sentiment de sécurité, du fait de la grande longueur de cou qu'il a devant lui. Le Dartmoor est également doué pour le saut d'obstacles ; sa nature docile et coopérative fonctionne bien en attelage. Autrefois, on l'employait pour transporter des marchandises et, plus généralement, comme aide agricole, ainsi que pour travailler dans les mines.

Races apparentées

Sur la route de commerce entre Exeter et Plymouth, les chevaux arabes et barbes influencèrent la race. Le Dartmoor fut également croisé avec le Shetland pour produire de plus petits poneys pour les mines, mais le *stud-book* de 1899 a standardisé la race.

Taille

Étalon ....jusqu'à 122 cm

Jument ....jusqu'à 122 cm

Origine & répartition géographique

Le Dartmoor est une région située dans le sud-ouest de l'Angleterre, et on pense que ces poneys y ont vécu pendant des milliers d'années. On peut maintenant les trouver en Europe continentale, en Amérique du Nord et en Scandinavie.

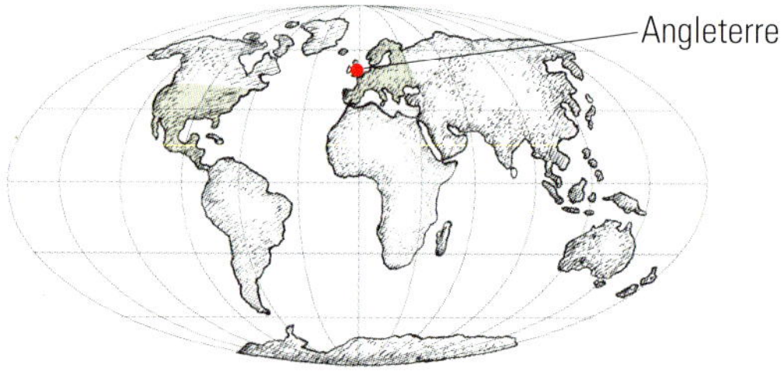

LE PUR-SANG

HONGRE

P*erformer* équin suprême et légendaire, le PUR-SANG était d'abord et avant tout un cheval de course. Sa vitesse et son endurance ajoutées à sa beauté font du pur-sang en action un spectacle à couper le souffle qui ravit les foules depuis des centaines d'années. Aujourd'hui, on peut aussi voir des pur-sang dans les concours de présentation, comme anciens chevaux de course reconvertis, chevaux de selle et de compétition, ce qui fait d'eux une race très polyvalente.

Caractéristiques

Toute couleur – excepté le multicolore – est permise, comme le bai brun et le blanc, par exemple. Les pur-sang sont classés comme « à sang chaud », car ils sont produits pour leur agilité et leurs performances, qui leur demandent de montrer beaucoup de courage et d'audace.

Utilisations

Élevé pour les courses de plat et de saut, le pur-sang a eu une énorme influence sur d'autres races, lorsque celles-ci ont été croisées avec lui pour gagner en qualité ou en taille. À mesure que les sports équestres comme le concours complet se sont développés, la demande de pur-sang ou de « proches du pur-sang » (des chevaux présentant beaucoup de sang pur-sang) a elle aussi augmenté. En concours, les chevaux presque pur-sang dominent les catégories de selle.

Races apparentées

Les types British Show Hack, poney de selle, cheval de selle et chevaux Hunter ont tous bénéficié de l'infusion de sang pur-sang. L'anglo-arabe est un croisement entre un pur-sang et un cheval arabe. Les demi-sang (warmblood) modernes ont du sang pur-sang à des degrés divers.

Taille

Étalon ....152–168 cm

Jument ....152–168 cm

Origine & répartition géographique

Tous les pur-sang modernes descendent de trois étalons du XVIIe siècle, utilisés pour améliorer la race existante. Tous les pur-sang gris sont issus d'un seul et même étalon arabe. Le pur-sang est aujourd'hui présent partout dans le monde.

L'ARABE

Jument

Le cheval ARABE, ou Arabe tout court, est certainement la plus ancienne et la plus pure des races de chevaux, et celle qui a eu la plus profonde influence sur les autres races. Nombreux sont ceux à penser qu'il s'agit du plus beau cheval du monde. Le cheval arabe est très fougueux, mais sans aucune méchanceté en lui. Ses mouvements donnent l'impression qu'il flotte au-dessus du sol.

Caractéristiques

Le cheval arabe a une petite tête concave, de larges naseaux, des yeux proéminents et une allure impressionnante qui donne l'illusion qu'il flotte. Sa robe est généralement alezane, baie, grise ou noire.

Utilisations

S'il est avéré que la race a été largement utilisée pour croiser d'autres races, son emploi originel était de transporter des cavaliers avec rapidité, sûreté et endurance à travers de longues étendues désertiques. Il fut également utilisé pendant les guerres, y compris pendant les Croisades. Aujourd'hui, il est estimé pour sa beauté, mais c'est une race robuste et vigoureuse ; il demeure le meilleur cheval d'endurance au monde. En concours, ces caractéristiques sont prisées et elles sont jugées pour maintenir la race. Ces dernières années, on assiste aussi à un retour des courses de chevaux arabes.

Races apparentées

Elles sont trop nombreuses pour pouvoir être mentionnées, mais incluent le pur-sang, l'Akhal-Teke et les races de demi-sang. Le cheval arabe a été utilisé pour « améliorer » certaines races de poneys indigènes britanniques, en particulier le Welsh (Gallois).

Taille

Étalon ....148–158 cm

Jument ....148–158 cm

Origine & répartition géographique

Des représentations antiques montrent un cheval ressemblant beaucoup à l'Arabe et vivant dans la Péninsule arabique autour de 2 500 av. J.-C. Il s'est depuis répandu partout dans le monde.

LE QUARTER HORSE

Jument

Les colons américains venus de Grande-Bretagne ont apporté avec eux leur amour des courses et utilisé les chevaux de travail de l'époque pour des courses de sprint d'un quart de mille. L'élevage a rendu les croupes plus puissantes et le poitrail s'est élargi, permettant au QUARTER HORSE de passer de l'arrêt à un galop effréné avec une remarquable facilité. C'est un véritable *performer* et de nombreuses épreuves sont basées sur des démonstrations de vitesse de ce cheval.

Caractéristiques

Cette race possède un corps compact mais athlétique, un poitrail large et une croupe musclée. Sa robe peut être de n'importe quelle couleur unie, mais non bicolore, comme le bai brun et le blanc.

Utilisations

Sa vitesse, son endurance, son intelligence et son aptitude naturelle à anticiper les mouvements du bétail font de ce cheval un vrai partenaire pour le propriétaire de ranch. Il est très demandé dans les loisirs équestres américains, comme la course de barils ou le *cattle cutting* (il s'agit d'attraper le bétail à cheval), et participe à nouveau à des courses dans sa propre catégorie. Ses bonnes manières et ses allures confortables font également de lui un cheval idéal pour la randonnée équestre.

Races apparentées

Il descend des races espagnoles d'Amérique, au temps des premiers colons, et a peut-être été croisé avec le pur-sang.

Taille

Étalon ....150–163 cm

Jument ....150–163 cm

Origine & répartition géographique

Les premiers colons de la côte est des États-Unis ne trouvèrent que quelques chevaux, plutôt consanguins, laissés par les conquistadors espagnols de nombreuses années auparavant. Cette race est aujourd'hui présente dans le monde entier, surtout dans les régions où il y a beaucoup de bétail, comme en Afrique et en Australie.

LE HIGHLAND

Jument

Il existe deux types distincts de poney HIGHLAND, mais un seul standard de race – le type continental, plus grand, et le type plus petit et plus léger des Hébrides extérieures. C'est un poney incroyablement robuste avec une nature curieuse et intelligente. Son apparence donne une impression de force, tout en conservant les caractéristiques du poney. Ses couleurs attirent le regard, crinières et queues argentées étant souvent typiques de cette race.

Caractéristiques

Le Highland est un poney au corps large et robuste. Différentes nuances isabelle le distinguent des autres poneys, mais il peut aussi être gris, bai brun, noir, et alezan avec crinière et queue argentées.

Utilisations

Cette race est toujours utilisée dans son Écosse natale pour porter les cerfs tués pendant la chasse. Employée comme monture pendant la Première Guerre mondiale et la guerre des Boers, elle avait pour autres fonctions celle de poney de berger et de cheval de ferme. Aujourd'hui, c'est un bon poney de selle capable de supporter une charge, comme le poids d'un adulte par exemple, mais dont le tempérament est aussi assez doux pour un enfant. On l'emploie toujours comme animal de trait, en particulier pour le travail en forêt, où il abîme moins la terre qu'un véhicule.

Races apparentées

De nombreuses races ont influencé les caractéristiques modernes du Highland, y compris, *a priori*, le Clydesdale et le cheval arabe. Il est possible qu'il ait aussi été croisé avec les poneys percheron et Dales.

Taille

Étalon ....132–148 cm

Jument ....132–148 cm

Origine & répartition géographique

Originaire des Highlands et des îles au large de la côte ouest de l'Écosse, cette race se serait développée à partir du cheval nord-européen. Elle est aujourd'hui présente en Europe, en Suède, en Amérique du Nord, en Australie et en Nouvelle-Zélande.

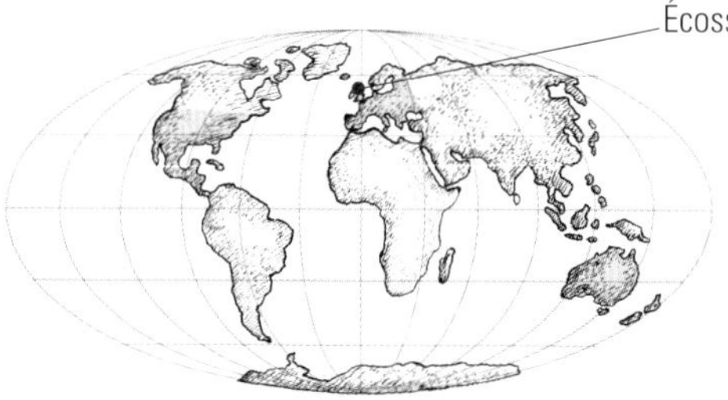

LE COB LÉGER

Jument

Le COB, qui désigne un type de cheval, existe depuis des centaines d'années et correspond à des chevaux trapus aux jarrets épais, capables de supporter du poids ou de travailler à la ferme. Le Cob moderne n'a pas énormément changé, mais il a été subdivisé en trois catégories : léger, lourd et maxi. Ces classifications sont basées sur la taille du cheval, ainsi que sur le poids qu'il peut supporter.

Caractéristiques

Le Cob léger possède des jambes solides et râblées. Une croupe puissante est typique de sa race, mais la tête, raffinée, doit montrer de l'intelligence et un œil plein de bonté. En concours, il doit être capable de porter jusqu'à 89 kg.

Utilisations

Le Cob était jadis un animal polyvalent, effectuant toutes les tâches, qu'il s'agisse du travail agricole, de tirer la charrette du marché ou d'emmener la famille en balade. Il était prisé comme chasseur et joua un rôle important dans les années de guerre. Aujourd'hui, le Cob léger participe aux concours de présentation, mais c'est également un très bon sauteur et un cheval de loisir idéal.

Races apparentées

Un Cob est un type de cheval et peut être formé à partir de presque toutes les races, excepté celles de type arabe ou pur-sang. Les races susceptibles de créer un Cob sont les poneys indigènes, les Cobs traditionnels et les chevaux de trait.

Taille

Étalon ....148–155 cm

Jument ....148–155 cm

Origine & répartition géographique

Le type Cob, qui provient des chevaux de trait à sang froid du nord de l'Europe, était utilisé dans les fermes de cette région.
Il est aujourd'hui largement répandu, et on le voit non seulement en concours, mais aussi dans les fermes et les petites exploitations des régions où les hommes continuent à dépendre de la force du cheval.

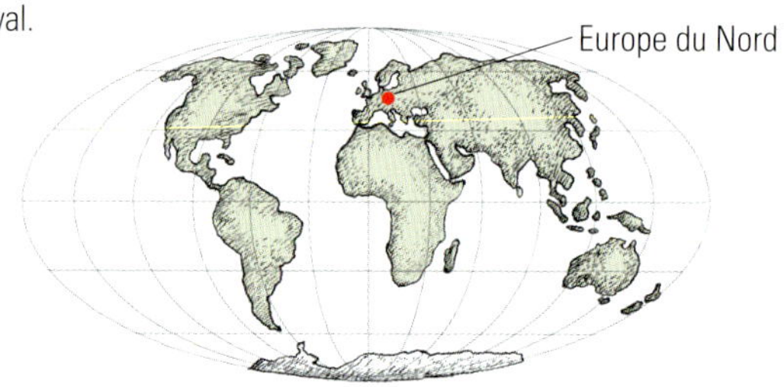

LE CHEVAL DE COULEUR (type)

HONGRE

Ce cheval ou poney actif se distingue par sa robe bicolore ou tricolore, incluant le blanc. Le CHEVAL DE COULEUR est toujours présenté avec crinière et queue détressées, et bien que soigné, il conserve ses caractéristiques naturelles. Les poneys et chevaux colorés devenant plus populaires en concours dans les années 1980, des sociétés et des associations subdivisèrent les groupes pour faciliter l'identification des critères.

Caractéristiques

Descendant des poneys indigènes du monde entier, ce type de poney est robuste, et son action est déterminée. Les fanons sur les jambes ne doivent pas commencer au jarret ou à l'arrière du genou, contrairement au Cob coloré traditionnel. Les fanons varient en quantité mais ne dépassent jamais les sabots de plus de 2,5 cm. Il peut avoir n'importe quelle taille.

Utilisations

Avec une telle variété de tailles, le cheval de couleur se retrouve dans presque toutes les sphères équines, de la randonnée de loisir au saut d'obstacles et au cross, en passant par l'équitation western et la course de barils, et c'est un cheval ou un poney qui attire les regards en concours de présentation. Il apprécie les compétitions d'agilité. C'est un poney toujours robuste et utile.

Races apparentées

Toute race indigène peut servir à croiser ces poneys, même si du sang de poney indigène n'est pas obligatoire puisqu'ils représentent un type au sein des standards de couleur. Il n'est pas nécessaire de connaître leur origine.

Taille

Poney..............jusqu'à 148 cm

Cheval.............supérieure à148 cm

Animaux de toutes les tailles, mais subdivisés dans le but de différencier poneys et chevaux.

Origine & répartition géographique

Le cheval de couleur est identifié en tant que type reconnaissable par les sociétés de référence. Tous les pays possèdent leur propre variante de ce poney.

LE CHEVAL DE SAUVETAGE

HONGRE

Les chevaux et les poneys du monde entier peuvent être maltraités, mais grâce aux associations de protection équine, aux bénévoles et aux particuliers, certains d'entre eux sont secourus et remis en selle. Un CHEVAL DE SAUVETAGE peut être de tout type, aucune race n'étant hélas prémunie contre les mauvais traitements.

Caractéristiques

Chevaux et poneys peuvent être secourus à tout âge, dans des situations très variées, qui vont de la cruauté directe à la négligence. Certains sont abandonnés par leur propriétaire qui ne peut plus subvenir à leurs besoins, tandis que d'autres sont l'objet de procès. Certains sont dressés et d'autres peuvent être complètement sauvages. I s'agit de les réinsérer dans une vie équine normale et de leur trouver un bon foyer.

Utilisations

Les chevaux et poneys de sauvetage peuvent occuper plusieurs fonctions, qu'il sagisse de tenir compagnie à d'autres chevaux ou poneys ou de participer aux plus grands championnats. Le cheval sur la photo a été secouru dans un cas de cruauté à son égard, mais ayant été réinséré avec succès, il obtient aujourd'hui de nombreuses récompenses dans les catégories traditionnelles de couleurs.

Races apparentées

Chaque race et chaque type peut devenir « cheval de sauvetage » malgré lui. Les changements de situation des propriétaires et l'ignorance peuvent mener à une cruauté par inadvertance.

Taille

Poney ....jusqu'à 148 cm

Cheval.............supérieure à 148 cm

Les chevaux et poneys de sauvetage peuvent être de toutes les tailles.

Origine & répartition géographique

Les chevaux et poneys de sauvetage se rencontrent dans tous les pays du globe. Leurs sauveteurs les font généralement castrer pour éviter qu'ils engendrent d'autres chevaux et poneys non désirés.

Monde entier

LE FJORD

HONGRE

Inchangé depuis des centaines d'années, le FJORD est un puissant poney norvégien à la robe isabelle (due au gène dun), instantanément reconnaissable par sa couleur et son physique distinctifs. La crinière est généralement coupée à environ 10 cm de longueur, formant ainsi une brosse et mettant en valeur le noir souvent caché parmi les crins plus clairs.

Caractéristiques

Leur longue ascendance de race pure signifie que ces poneys portent souvent des marques primitives, comme une rayure dorsale noire et des zébrures sur les membres inférieurs. Des jambes courtes et fortes soutiennent un corps épais ; la tête est large avec de petites oreilles. Des pieds durs et solides les caractérisent aussi.

Utilisations

Même s'il existe en Norvège des runes sculptées dans la pierre qui montrent que ces chevaux étaient utilisés pour le sport favori des Vikings, à savoir le combat de poneys, les Fjord ont en réalité un tempérament calme. Ils étaient et sont toujours employés comme animaux de trait dans les petites fermes des fjords, car ils conviennent parfaitement à l'exploitation forestière et à l'attelage. Aujourd'hui, ils sont également appréciés comme chevaux de selle pour adultes et enfants, et peuvent être conduits en équipes assorties.

Races apparentées

Dans les régions isolées et montagneuses de la Norvège, ces poneys n'avaient pas beaucoup de visiteurs pour faciliter les croisements. On suppose que les races de trait lourdes comme le Suffolk peuvent avoir un lien de parenté avec le Fjord.

Taille

Étalon ....135–150 cm

Jument ....135–150 cm

Origine & répartition géographique

Sans doute l'une des races de poney les plus anciennes et les plus pures, remontant au moins à la période des Vikings ; elle est produite dans presque toute la Norvège. Aujourd'hui répandue dans le monde entier, elle se trouve au Royaume-Uni, en Europe, aux États-Unis, au Canada, en Australie et en Nouvelle-Zélande.

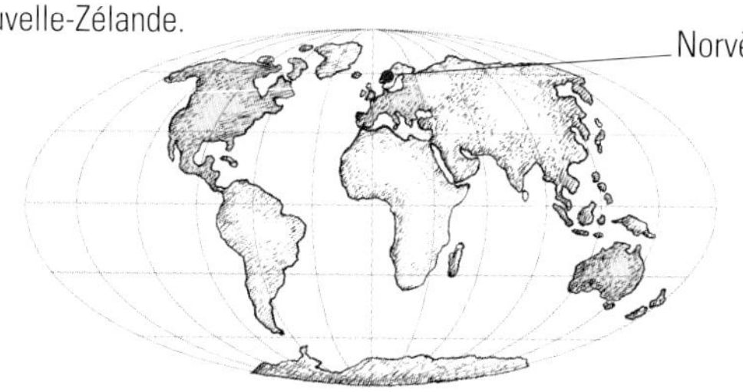

LE DEMI-SANG BRITANNIQUE (British Warmblood)

Jument

La British Warmblood Society a été fondée en 1977 en réponse au besoin de créer le DEMI-SANG (warmblood) BRITANNIQUE – un type de cheval excellant dans les plus prestigieuses disciplines de compétition, comme le dressage de haut niveau, le concours complet et le saut d'obstacles. Le but était de produire des chevaux capables de concourir à un niveau international dans toutes ces disciplines extrêmement sportives.

Caractéristiques

Davantage type que race, leurs critères basiques sont améliorés en fonction de leurs performances, de leurs résultats en compétition et de leur morphologie, ainsi que grâce à l'existance d'un *stud-book* répertoriant la lignée. Les étalons et les juments reproductrices sont minutieusement examinés. Pour répondre aux exigences du sport, ils doivent être athlétiques et sont généralement forts, avec un tempérament plutôt docile.

Utilisations

Ils sont connus pour exceller en dressage au plus haut niveau, leur morphologie et leur éducation leur permettant de se déplacer d'une manière libre et « élevée ». Ils atteignent des sommets en concours de sauts d'obstacles et sont populaires dans tous les niveaux de concours complet. Leur agilité et leur tempérament font d'eux la monture parfaite pour l'équitation de loisir.

Races apparentées

Les demi-sang sont un mélange de chevaux à sang chaud, comme l'Arabe et le pur-sang, et de chevaux à sang froid, qui sont essentiellement des races de trait. Les demi-sang allemands ont beaucoup influencé le demi-sang britannique.

Taille

Étalon ....158–178 cm

Jument ....158–178 cm

Origine & répartition géographique

L'intérêt grandissant pour le warmblood dans les années 1970 a engendré sa rapide expansion dans le monde entier, les consciences s'éveillant sur ses excellentes capacités sportives ; des demi-sang de tous pays sont aujourd'hui bien représentés aux Jeux olympiques.

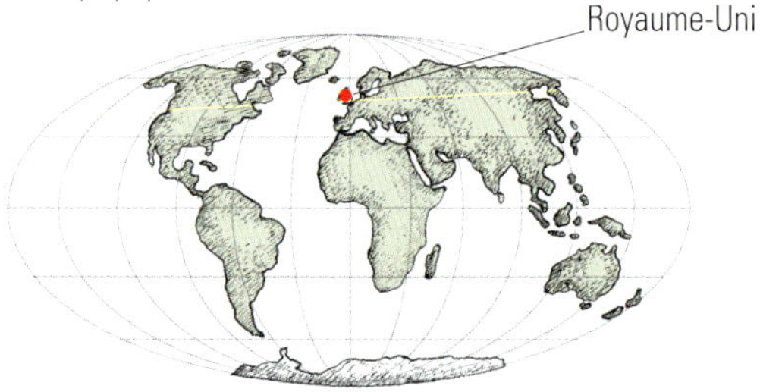

LE FRISON

HONGRE

Le FRISON, une des plus anciennes races chevalines au monde, est un cheval à fière allure, dont l'encolure cambrée présente une crinière abondante. Il a été croisé avec des chevaux des Croisades et, plus tard, avec des chevaux espagnols dans le but d'éclaircir la race ; il était également utilisé pour créer des chevaux de guerre capables de transporter un poids important. Sa couleur est toujours noire et la seule touche de blanc permise est une petite étoile blanche.

Caractéristiques

Une tête assez longue, à l'expression intelligente et surmontée d'oreilles typiquement courtes, est juchée sur un corps compact et musclé. Les puissants membres, d'apparence robuste, semblent ossifiés et les fanons soyeux sont toujours laissés libres (non tressés). Le trot est relevé et rapide. La puissance que dégage ce cheval attire le regard.

Utilisations

Le Frison était un cheval de trait travaillant dans les fermes, et il devint même populaire pour ses courses de trot, bien que sa race se soit presque éteinte, avant de connaître un regain d'intérêt au milieu du xxe siècle. Cheval très puissant mais de nature calme, il est ainsi amplement utilisé en attelage, à titre privé ou commercial, et souvent aussi pour les funérailles. Doué dans tous les domaines, il offre également des balades sûres et excitantes.

Races apparentées

Le Frison existe depuis si longtemps qu'il a influencé de nombreuses races, mais celles qui sont reconnues incluent le Shire, le Fell, le Dales, le Cob gallois (Welsh section D) et le Oldenburg.

Taille

Étalon ....153–163 cm

Jument ....153–163 cm

Origine & répartition géographique

Des ossements de ce cheval ont été retrouvés en Frise, aux Pays-Bas, et l'on pense qu'ils proviendraient d'un cheval de trait à sang froid ayant survécu à l'ère glaciaire. On trouve aujourd'hui des Frisons en Europe, au Royaume-Uni, en Amérique du Nord, au Canada, en Australie et en Nouvelle-Zélande.

LE HAFLINGER

HONGRE

Instantanément reconnaissable, le HAFLINGER est un type très distinct doté d'une longue crinière et d'une queue blond pâle, et d'un corps puissant. Vrai poney de travail, c'est un animal très résistant, réputé pour sa longévité – on prétend qu'il peut travailler jusqu'à ses trente ans. Son nom vient du village de Hafling dans les montagnes autrichiennes, où il demeura assez isolé, bien que la race soit aujourd'hui standardisée.

Caractéristiques

Les jambes courtes et solides de ce véritable poney soutiennent un corps trapu et athlétique. Ses mouvements sont très actifs du fait de sa croupe musclée. Sa tête possède un front large, de grands yeux intelligents et de petites oreilles. Sa couleur uniforme alezane tolère aussi des marques blanches sur la tête et sur les jambes.

Utilisations

À l'origine, le Haflinger était utilisé pour le transport de marchandises et pour le travail agricole en général, sur les versants escarpés des montagnes. Aujourd'hui, ce poney polyvalent est recherché pour l'équitation de loisir pour enfants et adultes. C'est également un poney d'attelage actif mais raisonnable dont les couleurs s'accordent bien avec les autres, et il fait forte impression en concours.

Races apparentées

Le Haflinger aurait le même *pool* génétique que le Fjord norvégien et que certains poneys indigènes d'Europe du Nord. Il présente également des similitudes génétiques avec le Suffolk.

Taille

Étalon ....138–148 cm

Jument ....138–148 cm

Origine & répartition géographique

Le Haflinger descend des robustes poneys des montagnes autrichiennes, mais il a été amélioré avec du sang arabe au XIXe siècle. Après la Seconde Guerre mondiale, il s'est fait connaître en Europe, au Royaume-Uni, en Amérique du Nord et plus récemment en Australie et en Nouvelle-Zélande.

LE PONEY GALLOIS DES MONTAGNES

Étalon

Les amateurs soutiennent que le PONEY GALLOIS DES MONTAGNES, ou Welsh section A, est la plus belle race de poney indigène. À voir ses grands yeux, ses petites oreilles, son large front et son museau fuselé, on peut comprendre pourquoi. Ajoutez à cela ses allures impressionnantes et son caractère vif, et ce poney a tout d'une star ! Au pays de Galles, certains d'entre eux continuent à galoper à l'état semi-sauvage, contribuant à maintenir la vigueur de la race.

Caractéristiques

Toute couleur unie est permise ; sa robe est souvent grise, mais peut aussi être palomino, alezane (souvent avec queue et crinière blond pâle) et baie. Des taches blanches sur la tête et les jambes sont acceptées. Son trot est très actif, ce qui est encouragé en concours. Des membres courts et robustes soutiennent un corps épais mais athlétique.

Utilisations

L'extrême vigueur de cette race ainsi que son pas assuré ont fait de lui le compagnon parfait des bergers ; en outre, il était assez fort pour porter un petit adulte. Aujourd'hui, c'est une star des concours de présentation, à la fois monté et en main. Poney complet pour les enfants et bon sauteur, il excelle également en attelage, aussi bien dans les catégories de performance qu'en démonstration.

Races apparentées

On pense que les races orientales comme le cheval arabe, importé au Royaume-Uni par les Romains, ont influencé ces poneys indigènes des montagnes. Le Gallois des montagnes a depuis été utilisé pour développer le poney de selle britannique (Riding Pony), et a aussi influencé le poney des Amériques et le poney australien.

Taille

Étalon ....122–127 cm

Jument ....122–127 cm

Origine & répartition géographique

Comme son nom le suggère, le poney gallois des montagnes est originaire du pays de Galles, mais il est aujourd'hui répandu dans le monde entier.

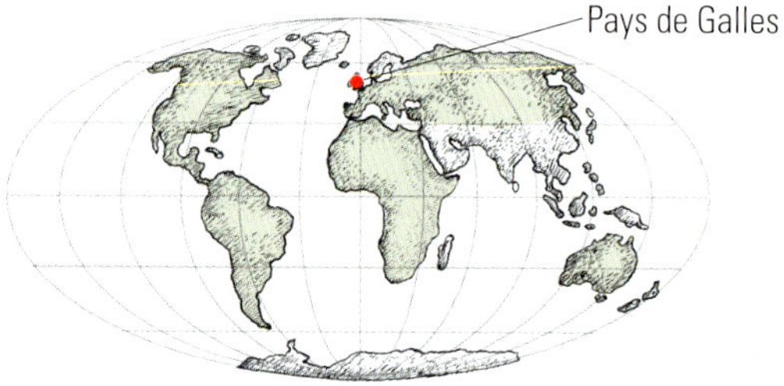

LE COB DE COULEUR (Gypsy Cob)

HONGRE

Au départ, le majestueux COB DE COULEUR était un poney tzigane, et l'on se servait de son corps et de ses jambes puissantes pour tirer de grandes roulottes bâchées. Son tempérament calme reflète sa vie passée proche de la famille, et le fait qu'il était souvent monté et soigné par des enfants. Son corps très alerte trotte avec détermination.

Caractéristiques

Ils sont souvent bicolores – bai brun, noir ou alezan et blanc. À l'état naturel, leurs crinières et leurs queues sont très fournies, et ils ont énormément de fanons. En concours, ils sont traditionnellement présentés avec l'ensemble de leur crinière, de leur queue et de leurs fanons à l'état naturel, ou bien « apprêtés et taillés », ce qui signifie que la crinière est rasée et que les fanons sont coupés au niveau des jambes (comme ci-contre).

Utilisations

Le doux tempérament coopératif du Cob de couleur, associé à sa force, l'a fait passer de la communauté du voyage à un monde plus vaste, où il est prisé comme animal de selle dans toutes les disciplines. Toujours estimé également comme animal d'attelage, il est doué en tout et possède ses propres catégories de concours et associations.

Races apparentées

Personne ne sait comment le peuple tzigane éleva ces poneys, mais on suppose que des chevaux Shire, Clydesdale, Dale et Fell furent inclus et, plus récemment, le Cob gallois (Welsh).

Taille

Poney..............jusqu'à 148 cm

Cheval.............supérieure à 148 cm

Le Cob de couleur peut être de n'importe quelle taille, mais il est subdivisé en deux catégories pour différencier poney et cheval.

Origine & répartition géographique

Ces poneys estimés dans le monde entier sont présents aujourd'hui dans toute l'Europe continentale, au Royaume-Uni, en Amérique du Nord, au Canada, en Australie et en Nouvelle-Zélande.

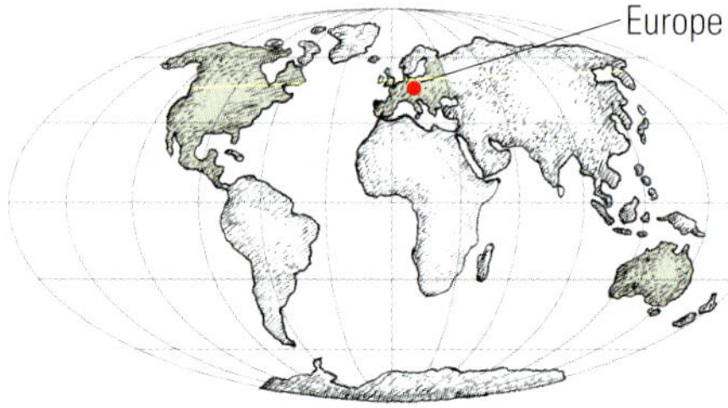

LE COB DE COULEUR TRADITIONNEL

HONGRE

Reconnaissable à sa vive robe bicolore et à ses crins abondants, le COB DE COULEUR TRADITIONNEL fut à l'origine développé par les Tziganes pour tirer leurs caravanes et vivre avec leurs familles. Pendant la Première Guerre mondiale, les chevaux pouvaient être réquisitionnés par les armées, mais les chevaux bicolores en étaient exempts car ils étaient jugés trop visibles sur le champ de bataille. En conséquence, l'élevage de ces Cobs se multiplia, les éleveurs étant sûrs de pouvoir les garder.

Caractéristiques

Les Cobs de couleur traditionnels sont soit noirs, bai brun, ou alezan et blanc. À leur état naturel, c'est-à-dire non rasés, ils ont des crinières très abondantes – descendant parfois jusqu'au sol –, des queues fournies et énormément de fanons autour des pieds. En concours, ils peuvent être présentés dans toute leur beauté traditionnelle ou, au contraire, entièrement taillés.

Utilisations

Si cette race au tempérament docile est douée dans tous les domaines, on la voit surtout en attelage ou en concours de présentation, où sa crinière et ses fanons soyeux sont coiffés et lustrés à la perfection pour que l'on puisse admirer leur apparence unique.

Races apparentées

Les Tziganes n'ont pas gardé de trace écrite de leur élevage, mais l'on pense que les chevaux Shire, Clydesdale, Dale et Fell furent tous inclus, ainsi que, plus récemment, le Cob gallois (Welsh).

Taille

Poney.............jusqu'à 148 cm
Cheval............supérieure à 148 cm

Le Cob de couleur traditionnel peut être de n'importe quelle taille, mais il est subdivisé en deux catégories pour différencier poney et cheval.

Origine & répartition géographique

Cette race existe depuis le Moyen Âge. Aujourd'hui, ces poneys sont prisés partout en Europe, au Royaume-Uni, en Amérique du Nord, au Canada, en Australie et en Nouvelle-Zélande.

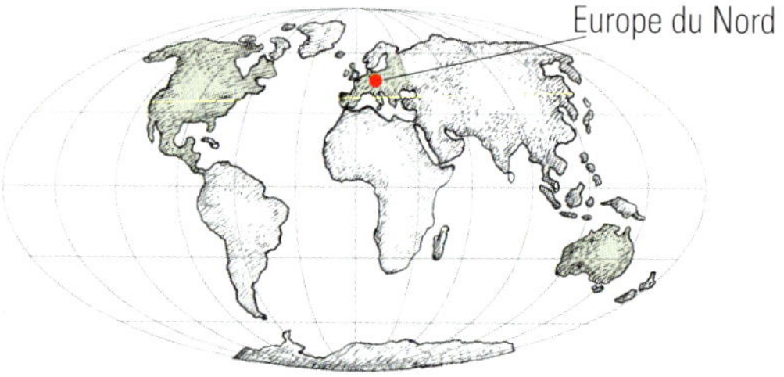

LE PONEY GALLOIS (Welsh B)

Jument

Poney de selle élégant et idéal pour l'équitation pour les enfants, le PONEY GALLOIS est aussi appelé poney gallois de selle, et Welsh section B. Tout en conservant le type distinctif du poney, des infusions de sang arabe et de poney de polo ont augmenté sa taille et ont affiné son corps pour produire cet athlétique champion. Le poney gallois a été « amélioré » pour répondre à la demande grandissante de poneys pour enfants à la fin des années 1960.

Caractéristiques

Toute couleur unie est permise, et des taches blanches sur la tête sont acceptées. Lorsqu'il trotte, il semble « flotter », donnant l'impression d'un mouvement libre et fluide. Une petite tête bien dessinée est placée sur une encolure relativement longue, et un dos court, un poitrail large et des épaules inclinées ajoutent à ses capacités sportives.

Utilisations

Le poney gallois est un impressionnant *performer* que l'on rencontre souvent en saut d'obstacles de compétition et en dressage junior. Ce parfait poney de poney-club est extrêmement polyvalent. En concours, ses allures et son élégance font de lui un champion naturel, en main comme sous la selle. C'est également un poney gracieux mais efficace en attelage.

Races apparentées

Le poney gallois a été développé à partir du poney gallois des montagnes, à l'aide de sang arabe, de pur-sang et de poneys de polo, mais il possède aujourd'hui son propre *stud-book*. Il joua un rôle fondamental dans la formation du poney de selle britannique (Riding Pony), et a également influencé le poney des Amériques et le Welara.

Taille

Étalon ....jusqu'à 138 cm

Jument ....jusqu'à 138 cm

Origine & répartition géographique

Le poney gallois originel était un poney de berger. Le poney « amélioré » est toujours très prisé dans son pays de Galles natal, mais il est aujourd'hui répandu dans le monde entier.

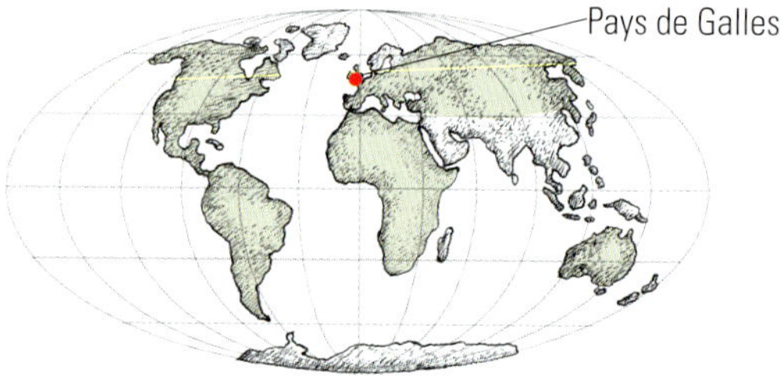

LE SHETLAND

Étalon

Robuste et petit de stature, le poney SHETLAND est incroyablement fort pour sa taille. Vivant à l'état naturel dans l'environnement sauvage et rude des îles Shetland au nord de l'Écosse, ce poney a dû s'adapter à des conditions sévères pour survivre, ce qui ne l'a pas empêché de devenir, partout dans le monde, un poney adoré des enfants.

Caractéristiques

Toute couleur, excepté tachetée, est permise ; les teintes bicolores comme le bai brun et le blanc sont donc acceptées. Il possède des jambes courtes et puissantes, un corps rond avec une crinière et une queue fournies, et de petites oreilles. Son action est directe et franche, et son pas très assuré – comme il se devait de l'être sur son sol natal.

Utilisations

Jadis, le poney Shetland a joué un rôle déterminant dans les petites exploitations agricoles. Il était également essentiel pour rapporter la tourbe. Plus tard, sa petite taille l'a popularisé pour le travail sous terre dans les mines de charbon du Royaume-Uni et d'ailleurs. Il est aujourd'hui connu comme le poney préféré des enfants, en main et sous la selle, et concourt dans les catégories propres à sa race. Il est aussi très demandé comme poney d'attelage, surtout pour les courses chronométrées autour d'un parcours d'obstacles en *scurry driving.*

Races apparentées

Même si, dans son île natale reculée, le Shetland demeurait isolé des autres influences, on pense qu'il partage des ancêtres communs avec d'autres poneys nord-européens.

Taille

Étalon ....jusqu'à 107 cm

Jument ....jusqu'à 107 cm

Origine & répartition géographique

De petits poneys peuplent les îles Shetland depuis l'âge du bronze. On pense que le Shetland pourrait avoir été engendré par le poney de la toundra et le poney des montagnes du sud de l'Europe, avec un afflux de sang des visiteurs scandinaves. On le trouve aujourd'hui dans le monde entier, y compris aux îles Malouines et dans les régions du cercle arctique.

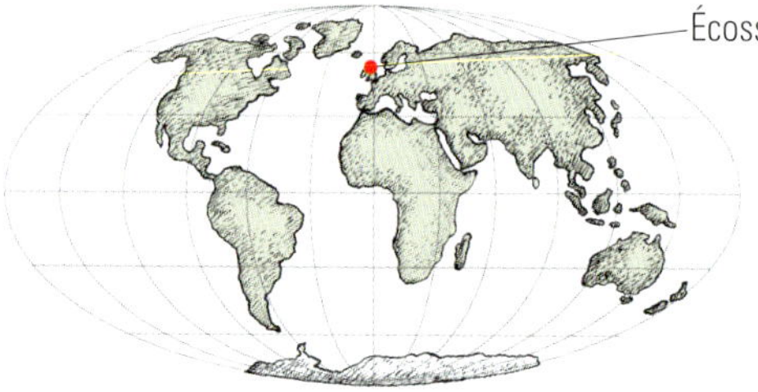

LE PREMIER PONEY DE SELLE

Jument

Le PREMIER PONEY DE SELLE, appelé aussi poney de concours, est très séduisant, avec des membres élégants, une longue foulée et une jolie tête. Ces poneys sont également classés sous appellation de « poney de selle britannique » (British Riding Pony). Le premier type de poney de selle vise les enfants de moins de dix ans, après qu'ils sont parvenus à lâcher les rênes, et avant qu'ils accèdent à des catégories supérieures de compétition.

Caractéristiques

Si le poney doit avoir d'excellentes manières et s'adapter aux capacités de l'enfant, il doit aussi être élégant et avoir beaucoup de prestance. Ce poney est présenté avec crinière et queue tressées, et un bridon frontal coloré, qui s'accorde souvent avec les rubans et la boutonnière du cavalier. Le tableau d'ensemble, renforcé par la nature douce du poney, est charmant et gracieux,.

Utilisations

La popularité grandissante des concours hippiques, des années 1920 à aujourd'hui, a créé la demande d'un type de poney de selle spécialement adapté aux enfants. Le premier poney de selle a été développé pour les concours ; il peut aussi être présenté en main. On le rencontre également dans les poney-clubs, où il participe au dressage junior ; certains sont aussi de brillants sauteurs.

Races apparentées

Le poney de selle a été développé à partir de poneys indigènes comme le Gallois et le Dartmoor, ainsi que de poneys de polo, de petits pur-sang et de chevaux arabes.

Taille

Étalon ....122–148 cm

Jument ....122–148 cm

Origine & répartition géographique

Les premiers poneys de selle étaient issus de croisements, mais le poney de selle britannique possède maintenant son propre *stud-book*, et c'est un poney de compétition reconnu. Intéressés par le développement d'un poney plus léger et plus élégant pour l'équitation des enfants, des pays comme les États-Unis ont également suivi.

LE COB GALLOIS (Welsh D)

Étalon

Le COB GALLOIS, ou Welsh section D, est un poney puissant et compact, avec le plus grand trot de tous les poneys – et sans doute de tous les chevaux. L'action haute de son genou est équilibrée par une jambe postérieure capable d'un maximum de flexion, le propulsant à grande vitesse. Une statue grandeur nature d'un étalon Cob gallois fut érigée en 2005 dans la ville d'Aberaeron, au pays de Galles, en hommage à l'importance de ce cheval dans la région.

Caractéristiques

Toute couleur unie est permise. Des taches blanches sur la tête et les jambes sont acceptées – des bas blancs sont appréciés en concours car ils soulignent le mouvement. Le Cob gallois présente des jambes courtes et robustes et une croupe large. Il est puissamment bâti et a une grande endurance. Sa tête typique de poney est posée haut sur le corps.

Utilisations

À l'origine poney de ferme, le Cob gallois participait aussi à des courses de trot. C'est aujourd'hui un poney idéal pour les cavaliers adultes car il peut supporter du poids et offre une promenade excitante. Il saute aussi très bien. Il a une place unique en tant que poney d'attelage, où son allure et sa force entrent pleinement en jeu.

Races apparentées

Il semblerait que le Cob gallois soit génétiquement similaire au Fell et au Dales, et qu'il ait une influence arabe et orientale.

Taille

Étalon ....supérieure à 137.2 cm

Jument ....supérieure à 137.2 cm

Origine & répartition géographique

Le Cob gallois est originaire de la côte ouest du pays de Galles, où de nombreux haras prestigieux de Cob gallois sont situés. On rencontre cette race dans le monde entier.

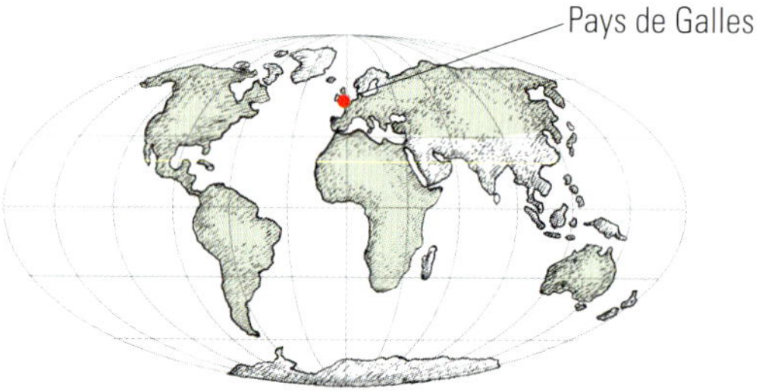

LE HANOVRIEN

Jument

Le HANOVRIEN, un des premiers chevaux demi-sang à avoir été établi après l'héritage du trône britannique par l'Électeur de Hanovre, George II, au XVIIIe siècle, a depuis influencé d'autres types de demi-sang, dont le demi-sang britannique (British Warmblood). Développé pour être à la fois cheval de selle et de ferme, il a été transformé en un crack de compétition grâce à un afflux croissant de sang pur-sang.

Caractéristiques

Sa morphologie impressionnante associée à ses capacités physiques fait de lui un cheval à l'apparence raffinée et au corps puissant et large, aux épaules inclinées, et à la tête bien dessinée et de taille moyenne. Sa robe peut être de n'importe quelle couleur unie, mais elle est généralement alezane ou baie. En concours, la crinière est tressée, et la queue est soit tressée également, soit taillée.

Utilisations

Les Hanovriens ont accumulé un nombre impressionnant de médailles olympiques en dressage et en saut d'obstacles, et sont excellents aussi en concours complet. Aux États-Unis, ils connaissent également du succès dans la catégorie cheval de chasse. Ils sont élevés pour la compétition de haut niveau, mais sont aussi très appréciés en général, à tous les niveaux.

Races apparentées

Il fut développé à l'origine à partir des chevaux espagnols, andalous et holstein, et croisé avec les chevaux d'attelage du XVIIIe siècle. Après la Seconde Guerre mondiale, des pur-sang et des Trakehner ont été réintroduits dans la race.

Taille

Étalon ....158–171 cm

Jument ....158–171 cm

Origine & répartition géographique

Le Hanovrien est né lorsque le roi George II fonda en 1735 le haras national de Celle, utilisant des pur-sang holstein et anglais. Aujourd'hui, le Hanovrien foule le sol des pays du monde entier.

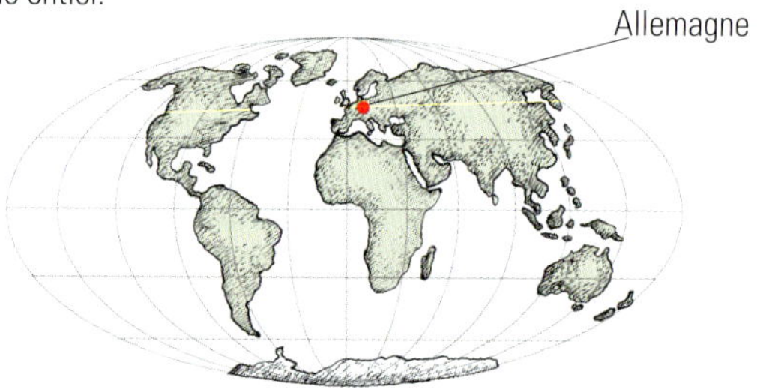

LE CHEVAL MINIATURE

Étalon

La caractéristique que partagent les différents types de la catégorie CHEVAL MINIATURE est leur taille minuscule. En dépit de cette toute petite taille, on les nomme chevaux miniatures plutôt que poneys, leurs proportions et leur morphologie étant plus proches de celles du cheval. Différents types de chevaux miniatures ont été développés en Europe et en Amérique du Sud, mais des associations spécialisées, qui soutiennent l'élevage et la présentation de ces tout petits chevaux, existent aujourd'hui dans le monde entier.

Caractéristiques

Confirmant ses origines diverses, le cheval miniature se présente sous différents types, de l'animal très trapu à un type plus raffiné. Sa robe varie aussi énormément, toutes les couleurs étant permises. Il doit être alerte mais d'un naturel calme, car il sert souvent d'animal de compagnie.

Utilisations

Au milieu du XIXe siècle, certains étaient utilisés comme chevaux de mine en Europe du Nord. Aujourd'hui, ils sont parfois employés pour tirer de petits attelages et jouent un rôle grandissant en zoothérapie – les animaux sont dressés, puis emmenés en visites thérapeutiques pour aider les gens malades.

Races apparentées

De nombreuses races ont influencé les différents types de chevaux miniatures, y compris le Shetland, le Dartmoor, le poney des Amériques, le Hackney et surtout le Falabella, un cheval miniature d'Argentine.

Taille

Étalon ....inférieure à 86–97 cm

Jument ....inférieure à 86–97 cm

Origine & répartition géographique

Des chevaux miniatures furent élevés pour la première fois vers 1650, comme animaux de compagnie de la famille royale des Habsbourg en Europe. Le Falabella, une race distincte de cheval miniature, fut plus tard développé en Argentine. Les États-Unis ont ouvert la voie de l'« affinage » de la race, mais celle-ci est aujourd'hui populaire au Royaume-Uni, en Europe continentale, en Australie et en Nouvelle-Zélande.

LE CHEVAL DE SELLE

HONGRE

Même si tous les chevaux peuvent être montés, le CHEVAL DE SELLE est défini comme un type distinct pour les concours. Cela s'applique non seulement à sa morphologie, mais inclut aussi la façon dont il se comporte en compétition, ses manières et son obéissance lorsqu'il est sous la selle. Si le désir d'un cheval de selle de qualité, capable d'offrir un transport confortable et de témoigner de l'élégance, n'est pas nouveau, il n'a été standardisé en concours officiel qu'au cours de la seconde moitié du XXe siècle.

Caractéristiques

Ce type de cheval doit être assez résistant pour porter un adulte de poids moyen, avoir une certaine vigueur, mais pas de nervosité ; ses allures doivent être libres et ses foulées longues et balancées. Son élevage vise à ce que sa morphologie et ses allures soient satisfaisantes.

Utilisations

Le cheval de selle peut être présenté en main ou monté, y compris en amazone. Il est toujours magnifiquement apprêté pour les concours et est autorisé à porter un bridon frontal très décoré. Il est présenté tressé et taillé. C'est également un charmant cheval de loisir pour la randonnée équestre, la chasse, le saut, le dressage de compétition et les concours hippiques en général.

Races apparentées

Les chevaux de selle sont très influencés par les pur-sang. Leur corps robuste vient souvent de races indigènes de taille plus imposante, comme le Connemara.

Taille

Subdivisée en :
Petite ....148–158 cm

Grande ....supérieure à 158 cm

Origine & répartition géographique

Le cheval de selle fut développé en tant que type au cours du XXe siècle. On le trouve aujourd'hui principalement en Europe, en Amérique du Nord, en Australie, en Nouvelle-Zélande et en Afrique du Sud.

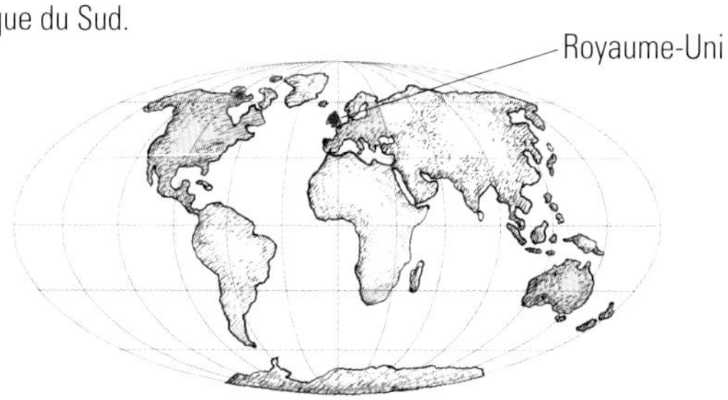

LE PONEY DE SELLE BRITANNIQUE

Jument

Le PONEY DE SELLE BRITANNIQUE est un type de poney très spécifique, appelé aussi parfois poney de concours, eu égard à son action flamboyante et extravagante, et à sa jolie tête. Malgré son exubérance et ses qualités de vedette, ses manières doivent aussi être exemplaires pour convenir à l'équitation pour les enfants. Il a été développé pour répondre à la demande grandissante d'un poney de qualité pour les concours junior dans les années 1920 et 1930.

Caractéristiques

Ce poney doit retenir l'attention par son élégance et son allure de star. Ses épaules obliques permettent une action libre et fluide des jambes, qui soutiennent un corps compact avec un poitrail large. Sa tête, d'un grand raffinement, est placée haut sur une encolure longue.

Utilisations

C'est un poney de concours capable de merveilleuses performances sous la selle lorsqu'il est monté par un enfant. Il est présenté entièrement tressé ou taillé, un bridon frontal coloré attaché à la bride. Un adulte peut aussi le présenter en main. En dehors des concours, ses attributs de poney font de lui un sauteur rapide et énergique, qui peut aussi exceller en dressage junior.

Races apparentées

Les poneys indigènes, en particulier le Gallois et, dans une certaine mesure, le Dartmoor, permirent l'apparition du poney de selle britannique. Ces races furent croisées avec de petits pur-sang et chevaux arabes, y compris les poneys de polo.

Taille

Subdivisée en trois sections :
jusqu'à 127 cm
127–138 cm
138–148 cm

Origine & répartition géographique

Développé à l'origine à partir du poney indigène, le poney de selle britannique est aujourd'hui un type de poney qui possède son propre *stud-book* ; il a été exporté dans le monde entier.

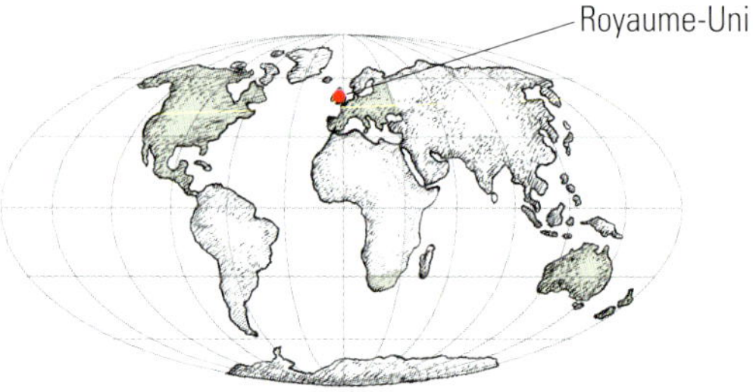

LE COB GALLOIS (Welsh D)

HONGRE

Connu pour son trot puissant, souple et magnifiquement relevé, le COB GALLOIS, ou « Welsh section D », est instantanément reconnaissable avec sa tête typique de poney, ses petites oreilles alertes et ses grands yeux généreux. Il dégage une impression générale de force maîtrisée, alliée à l'énergie et à la puissance. En concours, la démonstration de son célèbre trot prolongé impressionne toujours.

Caractéristiques

La couleur de sa robe est souvent intense, unie, noire ou alezane, mais toutes les couleurs sont permises. En concours, les jambes blanches sont recherchées, car elles soulignent ses allures extravagantes. Sa croupe musclée est associée à des jarrets qui fléchissent pour propulser des membres courts et puissants, permettant au Cob gallois de briller dans ses déplacements. La plupart du temps, la crinière et la queue sont laissées libres.

Utilisations

Les courses de trot ainsi que les travaux de ferme constituaient l'activité du Cob gallois il n'y a pas si longtemps. Mais aujourd'hui, sa force, sa polyvalence et son agilité font de lui un poney recherché pour les adultes de toutes tailles, aussi bien pour l'équitation ou le saut d'obstacles que la chasse. Son allure, son endurance physique et sa force font aussi de lui un parfait poney d'attelage.

Races apparentées

Il est probable que le Cob gallois soit génétiquement identique au Fell et au Dales, et qu'il ait du sang arabe et oriental. Il est également apparenté au Norfolk Roadster, aujourd'hui disparu.

Taille

Étalon ....supérieure à 137.2 cm

Jument ....supérieure à 137.2 cm

Origine & répartition géographique

Le pays du Cob gallois se situe le long de la côte ouest du pays de Galles, mais on l'a également observé dans le Cardiganshire, le Pembrokeshire et dans d'autres régions du pays de Galles. Il est aujourd'hui répandu dans le monde entier.

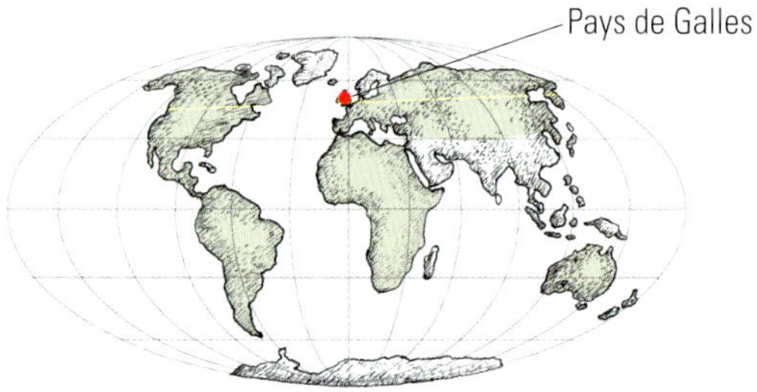

LE TRAIT IRLANDAIS

Jument

Connu dans le monde entier pour son endurance, son aptitude au saut d'obstacles, ses membres puissants et son tempérament, ce cheval actif aux jambes soignées force le respect. Croisé avec d'autres chevaux de trait pour produire un cheval de ferme, le TRAIT IRLANDAIS est aujourd'hui une race standardisée. Si l'amour inconditionnel de l'Irlande (et de la Grande-Bretagne) pour la chasse a assuré la popularité de la race, on la rencontre aujourd'hui de plus en plus en concours, à la fois sous la selle et en main.

Caractéristiques

Un corps athlétique, un poitrail large et une croupe musclée surmontent des membres puissants et sans fanons. La tête est bien faite et donne une impression d'intelligence. Son action doit être libre et fluide, mais sans mouvement excessif du genou. Sa robe peut être de n'importe quelle couleur unie, y compris grise.

Utilisations

Le Trait irlandais faisait à l'origine partie de la vie de ferme en Irlande, en tant que cheval de trait léger. Il a été développé pour la chasse, puis est devenu un croisement populaire pour les sauteurs de très haut niveau. Doué dans toutes les disciplines, il peut supporter le poids d'un adulte robuste.

Races apparentées

Des races irlandaises indigènes associées à du sang espagnol furent à l'origine de ce cheval, mais le Clydesdale et d'autres chevaux de trait furent également introduits. Des pur-sang furent utilisés pour affiner la race – cette jument est un exemple de croisement pur-sang.

Taille

Étalon ....160–170 cm

Jument ....155–165 cm

Origine & répartition géographique

On pense que la race existait déjà du temps des Normands, qui croisèrent leurs chevaux avec des poneys indigènes irlandais au XIe siècle. Le Trait irlandais est aujourd'hui présent partout dans le monde.

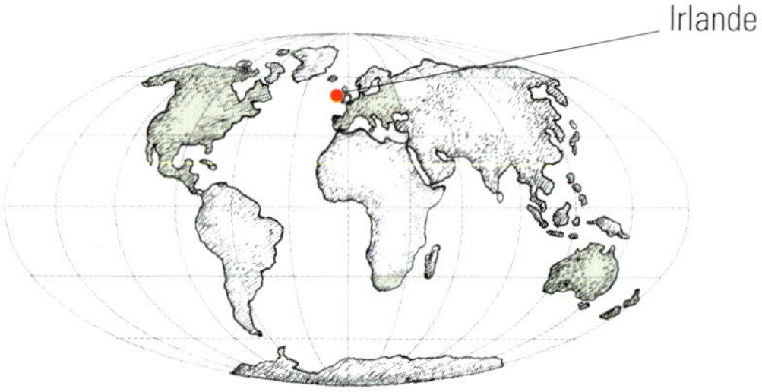

L'EXMOOR

HONGRE

Le fait qu'il est resté inchangé depuis l'époque préromaine fait de l'EXMOOR un poney unique. En regarder un aujourd'hui revient à remonter environ 2 000 ans en arrière et à observer les poneys qui existaient à cette époque. La nature sauvage et solitaire de l'Exmoor, une haute lande dans le nord-est du Devon, en Angleterre, où ce poney galope toujours en liberté, a fait de lui la plus ancienne race pure du Royaume-Uni.

Caractéristiques

Robuste à une échelle légendaire, l'Exmoor est harmonieux, avec ses yeux dit « de crapaud » (une paupière au repli charnu et une coloration pâle caractérisent le pourtour de son œil) et un museau de couleur « farineuse ». Il est bai, bai brun ou isabelle avec « pointes » noires (les jambes), et ne doit présenter aucune tache blanche. La taille de ce poney aux jambes courtes et aux pieds agiles contraste avec sa force.

Utilisations

Employé par les fermiers et les bergers de l'Exmoor, il était également monté pour chasser le cerf élaphe qui vivait dans la région. Aujourd'hui, sa vitalité et sa forte personnalité font de lui un poney prisé pour l'équitation pour les adultes et pour les enfants, ainsi que pour l'attelage. Bon sauteur à l'endurance remarquable, et donc idéal pour la randonnée, c'est aussi un habitué des concours de présentation.

Races apparentées

L'Exmoor étant resté pur du fait de son isolement, les races qui lui sont apparentées sont celles génétiquement communes aux races de poney du nord de l'Europe. Certaines similitudes peuvent être observées chez le Dartmoor et le New Forest, et on pense qu'il partage aussi des origines avec le poney islandais.

Taille

Étalon ....119–129 cm

Jument ....116.8–127 cm

Origine & répartition géographique

On pense que l'Exmoor est arrivé avec les colons celtiques de l'époque préromaine, mais certains croient qu'il remonterait à l'âge du bronze. On le trouve aujourd'hui dans l'ensemble du Royaume-Uni et en Europe continentale, en Amérique du Nord et en Scandinavie.

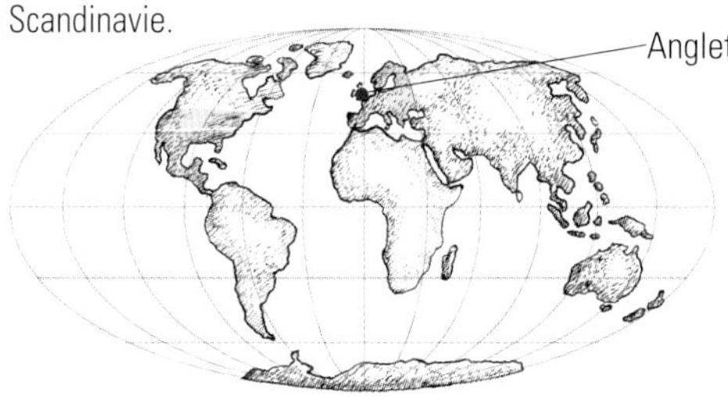

LE CHEVAL DE SPORT IRLANDAIS

HONGRE

La demande grandissante de chevaux de sport dans les années 1980 a encouragé l'augmentation des chevaux demi-sang, et a également engendré le CHEVAL DE SPORT IRLANDAIS dont l'honnêteté, la bonne condition physique et l'endurance font un choix idéal pour les sports équestres. L'emblématique TRAIT IRLANDAIS est la base de ce cheval, et l'Irlande est réputée pour produire ces chevaux de compétition de niveau élevé.

Caractéristiques

La race allie la force, l'endurance et le corps puissant du Trait irlandais à la vitesse et à l'agilité du pur-sang. Sa robe peut être de n'importe quelle couleur. La tête est alerte et bien dessinée, mais peut présenter une forme légèrement convexe. Son allure est franche, simple et libre.

Utilisations

Comme son nom le suggère, c'est une race élevée pour la compétition de tous niveaux, y compris avancé. Son aptitude exceptionnelle pour le saut fait de lui un très bon choix pour le concours complet et le CSO. Toujours apprécié comme cheval de chasse, il est également souvent utilisé par les forces de police, qui font appel à son intuition et à son endurance. Assez fort pour supporter le poids d'un adulte robuste, c'est un cheval de loisir populaire.

Races apparentées

Le Trait irlandais, le pur-sang et le poney Connemara ont tous joué un rôle dans la création de ce grand athlète.

Taille

Étalon ....155–170 cm

Jument ....155–170 cm

Origine & répartition géographique

Si le cheval de sport irlandais est né du croisement de différents chevaux d'élevage, il est aujourd'hui plus communément élevé à partir de chevaux eux-mêmes classés dans la catégorie « Cheval de sport irlandais ». Du fait de sa popularité en compétition, on le trouve aujourd'hui dans le monde entier.

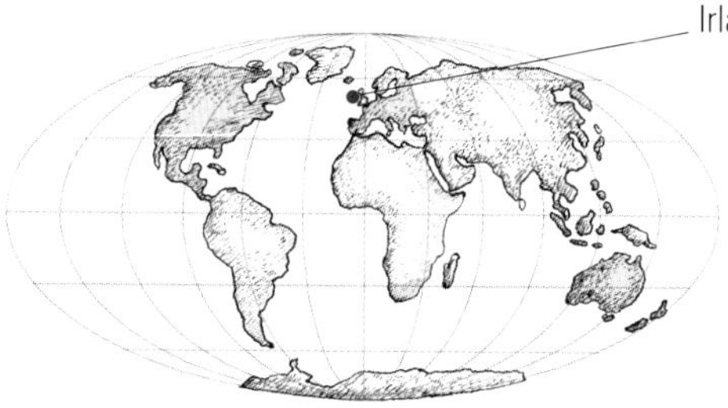

LE COMTOIS

Jument

Le COMTOIS est une race au caractère docile, facile à dresser, et toujours largement utilisée en sylviculture pour tracter du bois là où l'accès en véhicule est difficile. Cette race de cheval lourd est très populaire en France, où elle a été développée dans les montagnes du Jura, à la frontière franco-suisse. Un élevage consciencieux perpétue aujourd'hui son succès. Louis XIV et Napoléon utilisèrent ces chevaux pour la cavalerie et l'artillerie.

Caractéristiques

Le Comtois, cheval de trait léger et puissant, possède une large corpulence et une tête assez grande, avec des yeux intelligents et de petites oreilles. Il est d'apparence trapue avec de petites jambes robustes et très peu de fanons. Sa robe présente des nuances allant de l'alezan au bai, avec crinière et queue épaisses, souvent blond pâle.

Utilisations

Le Comtois impressionne par ses performances en attelage et, du fait de la gamme limitée de ses couleurs, est également idéal pour travailler par paires ou par équipes assorties. Cette race est toujours utilisée dans les zones boisées et les vignobles, mais sa taille variée le rend également assez polyvalent pour être monté.

Races apparentées

Au XIXe siècle, un programme d'amélioration engendra le croisement du Comtois avec d'autres chevaux de trait, comme le Percheron et le Normand, et au début du XXe siècle, l'Ardennais fut également introduit dans l'élevage.

Taille

Étalon ....148–163 cm

Jument ....148–163 cm

Origine & répartition géographique

On pense que les premiers chevaux de la race furent importés en France du nord de l'Allemagne au IVe siècle. Sa popularité a aujourd'hui dépassé les frontières françaises et gagné le Royaume-Uni, ainsi que le reste de l'Europe.

LE BRITISH SPOTTED PONY (Poney britannique tacheté)

POULICHE

La robe tachetée qui caractérise le BRITISH SPOTTED PONY attire sur lui tous les regards. C'est aussi un poney de qualité, allant du type miniature au type « selle » et Cob, et qui illustre le véritable caractère du poney. On pense qu'il y a de cela très longtemps, ses taches lui servaient de camouflage. Des peintures victoriennes montrent qu'à cette époque les poneys tachetés étaient très prisés comme animaux d'attelage.

Caractéristiques

Il existe plusieurs modèles de robe : le type léopard (comme ci-contre), *few-spot* léopard (robe unie avec seulement quelques taches), capé, marbré, flocon de neige (taches blanches sur une robe noire). Tous les poneys tachetés doivent présenter au moins une des caractéristiques suivantes : un cercle blanc autour de l'œil, une peau marbrée, en particulier autour des lèvres, du museau et des oreilles, et des sabots rayés. Une bonne constitution et des os solides complètent son apparence unique.

Utilisations

En concours de présentation, le British Spotted Pony se démarque et possède sa propre variété de catégories, mais c'est aussi un poney utile qui peut sauter et participer aux activités des poney-clubs, aux courses, à la randonnée équestre, à l'équitation de type western – en fait, il est doué en tout.

Races apparentées

On trouve des chevaux miniatures avec robe tachetée. Le Knabstrupper du Danemark et l'Appaloosa sont d'autres races tachetées certainement apparentées au British Spotted Pony.

Taille

Étalon ....82–148 cm

Jument ....82–148 cm

Origine & répartition géographique

Les poneys tachetés existent depuis des siècles et l'on rapporte qu'Édouard Ier d'Angleterre en possédait déjà plusieurs en 1298. Aujourd'hui, le British Spotted Pony est présent dans le monde entier, y compris au Royaume-Uni, en Europe continentale, en Amérique du Nord et en Australie.

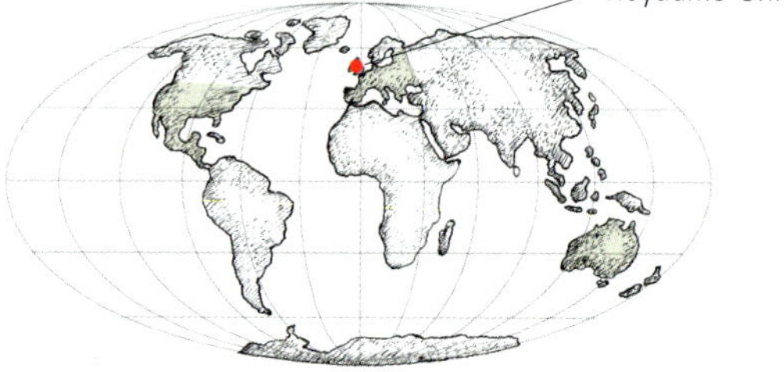

LE TRAIT BELGE-CANADIEN

HONGRE

C'est un cheval de très grande taille, et il n'est pas rare qu'il dépasse les 193 cm. Sa taille immense a été développée en réponse au besoin de créer un grand cheval lourd, peut-être utilisé autrefois pour porter des guerriers en armure. Le TRAIT BELGE-CANADIEN est un cheval de trait extrêmement puissant, capable de tracter un poids phénoménal, mais qui est assez calme pour travailler en équipe, en couple, et qui peut même être monté.

Caractéristiques

Il est toujours alezan (aussi connu comme rouan vineux ou oseille), avec crinière et queue blond pâle. Sa tête est petite comparée à son encolure épaisse et musclée posée sur des épaules puissantes. La croupe est forte, et les jambes, courtes et robustes, n'ont que très peu de fanons.

Utilisations

Transporté de sa Belgique natale aux États-Unis et au Canada à la fin du xxe siècle, ce cheval géant a contribué à fonder l'industrie de ces pays grâce à ses grandes capacités de traction. Il resplendit aujourd'hui en concours, assorti en attelage, et également présenté sous la selle ou en main.

Races apparentées

Des races britanniques, Clydesdale et Shire ont jadis été croisées avec le Trait belge.

Taille

Étalon ....jusqu'à 193 cm et au-delà

Jument ....jusqu'à 193 cm et au-delà

Origine & répartition géographique

Le succès du Trait belge, cheval lourd extrêmement puissant, a conduit à son exportation en Amérique du Nord pour produire cette version légèrement moins lourde et aux jambes un peu plus longues qu'est le Trait belge-canadien. C'est la race de chevaux de trait la plus répandue en Amérique du Nord.

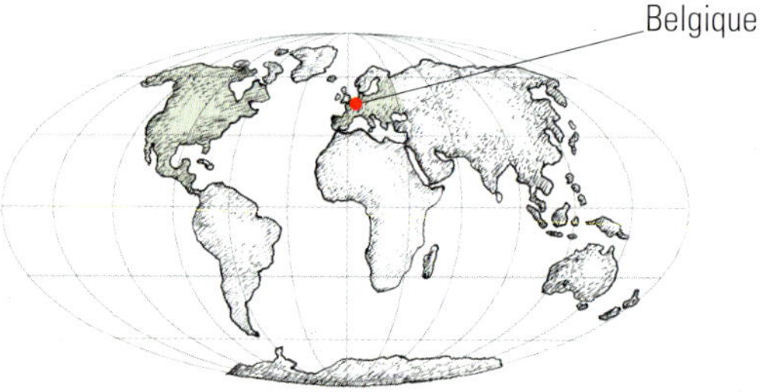

REPORTAGE

Une chose est sûre, le partenariat entre humains et chevaux a *tenu la distance*. Ce reportage-photo en coulisses offre des instantanés de cette relation, avec des cavaliers *parfaitement préparés* et des chevaux au meilleur de leurs performances. PRÉPAREZ-VOUS À APPLAUDIR leurs exploits sur la piste et leur *course à la médaille d'or*.

Equifest,

Est de l'Angleterre,

Parc des expositions,

Peterborough, Royaume-Uni

Tous les deux,
on a le pied à l'étrier !

C'est parti
pour le show !

Concentrés, concentrés, concentrés.
Ce n'est pas le moment de ruer
dans les brancards !
On va
leur apprendre
les bonnes
manières.

Que penses-tu
de la coupe brushing
du jour ?

Je la garderais sous ma bombe, si
j'étais toi...

On va leur
en donner pour leur argent !

Aujourd'hui, on est tous montés sur nos grands chevaux et on vise le rouge.

Pas de démêlés
entre nous !

Check-list :
Shampooing
Soin
Rinçage
Démêlage
Tressage
Programme de toilette
pour être parfait des sabots à la tête

Préparons-nous
à entrer en piste.

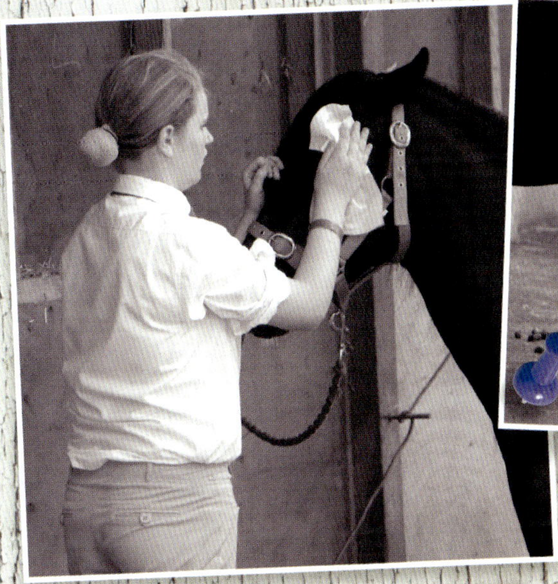

Tout est dans
la lotion démêlante
et le tressage.

Personne ne passe
autant de temps
sur ma queue.

Vue du concours,
de derrière les poubelles.

Et c'est parti pour le grand saut !

Démonstration de saut d'obstacles...

Victoire ! Quelle équipe !

Pendant que je saute,
admirez mes sabots délicatement huilés.

Doucement
avec le cure-pied !
Je croyais que c'était une
pédicure !

Je prends
quelques conseils
de la bouche d'un collègue...

Les yeux de l'amour débridé.

C'est sûr, on a déjà remporté
le concours de tailles !

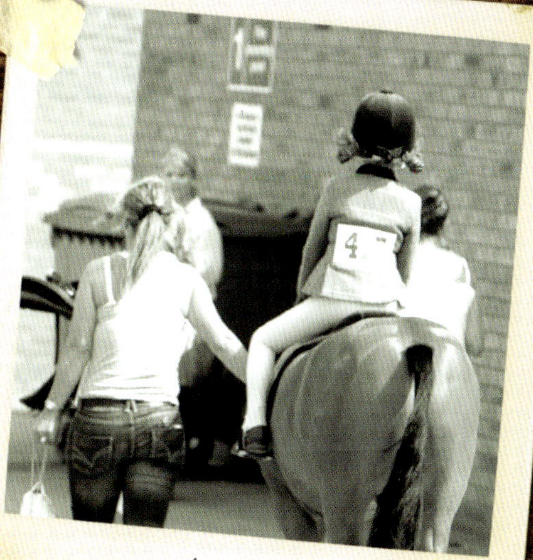

Le show se termine…
on en voit la queue !

Un petit cours de piaffer, ça vous dit ?

Ça ressemble plus à de la danse, non ?

La tension monte...
Qui va décrocher la rosette rouge ?

Rendez-vous devant
la porte de l'écurie !

Que le meilleur gagne !
Encore une journée merveilleuse
à l'Equifest.

GLOSSAIRE

À sang chaud : terme utilisé pour décrire les chevaux pur-sang et arabes, et associé à leur vitesse et à leur endurance.

À sang froid : terme utilisé pour décrire les chevaux de trait et certaines races de poney aptes aux travaux de force.

Action du genou : décrit l'action du cheval montant ses genoux vers le menton.

Allures : les quatre allures de base du cheval sont le pas, le trot, le petit galop et le galop.

Catégorie « monté » : catégorie de concours dans laquelle le cheval est présenté monté par un cavalier. Il y exécute généralement toutes les allures.

Cheval de chasse : type ou catégorie de cheval qui convient à la chasse.

Cheval de trait : race lourde de cheval, développée pour tracter des poids importants, comme des charrues ou des carrioles. Voir **Cheval lourd**.

Cheval lourd : race de grand cheval, développée initialement pour conduire des chevaliers en armure à la bataille, mais utilisée plus tard pour le travail de ferme et de trait.

Demi-sang (warmblood) : cheval qui résulte d'un croisement entre un cheval à sang chaud, comme le pur-sang, et un cheval à sang froid, comme le cheval de trait. Le demi-sang est souvent produit pour la traction de véhicules, l'équitation et, plus récemment, pour la compétition.

Démonté : terme utilisé lorsqu'on enlève la selle du cheval dans la catégorie « monté », et que l'animal est conduit en main pour que le juge évalue sa morphologie.

Éliminatoires : épreuves visant un championnat en particulier au sein d'un concours.

En main : catégorie de concours dans laquelle l'animal est conduit soit par le licol, soit par la bride, mais n'est pas monté.

Fanons : certaines races de chevaux ont de longs poils sur la face postérieure des jambes. Selon les races, les crins peuvent commencer derrière le genou et recouvrir le sabot, ou encore n'être présents qu'en petite quantité, descendant le long de la jambe à l'arrière du boulet.

Hongre : cheval mâle castré de tout âge. Généralement, la castration n'a pas lieu avant six mois.

Juge : personne d'expérience choisie par un club ou une société d'élevage pour évaluer chevaux et poneys en fonction des critères de leur race, ou de la catégorie dans laquelle ils concourent.

Morphologie : décrit les proportions du cheval – des proportions idéales sont fixées pour chaque standard de race.

Parade des étalons : souvent non compétitive, c'est une parade des meilleurs étalons, qui se déroule au sein d'une démonstration pour propriétaires de juments, dans le but de les évaluer pour une potentielle reproduction. Parfois, des prix d'excellence sont décernés.

Poulain : cheval mâle non castré, généralement de moins de quatre ans.

Pouliche : jeune jument généralement âgée de moins de quatre ans.

Prix d'excellence : récompense spéciale, incluant généralement une somme d'argent, accordée à un animal reproducteur pour son excellence, dans le but d'encourager sa reproduction.

Qualité : terme utilisé fréquemment dans l'évaluation des chevaux, signifiant que le cheval atteste son héritage pur-sang au niveau de la tête et, dans une certaine mesure, du corps.

Race indigène : race de cheval ou de poney natif d'un pays spécifique, comme le Fjord de Norvège ou le poney gallois.

Race rare : cheval ou poney qui répond aux critères de race rare d'un pays, par son faible nombre de juments reproductrices. Elle peut être subdivisée en diverses catégories tel le statut critique, menacé, vulnérable, en risque ou minoritaire.

Représentation en soirée : les finalistes sont jugés de nuit, sous un éclairage artificiel. Les concurrents portent souvent des hauts-de-forme et des tenues de soirée, et chevaux et poneys peuvent être parés de paillettes scintillantes. Les démonstrations se font souvent en musique.

Rosette : accordée aux gagnants des concours et, généralement, de couleur différente pour chaque place – pour le premier : rouge au Royaume-Uni et bleu aux États-Unis.

Standard de race : critères établis par les clubs d'élevage pour une race donnée – le cheval ou poney idéal selon les spécifications de chaque pays.

***Working hunter* :** discipline de concours incluant le saut autour d'obstacles rustiques comme part du processus d'évaluation.

CONCOURS D'ÉLEVAGE

Grande-Bretagne

Si les concours d'élevage étaient autrefois limités à l'été, ils se tiennent aujourd'hui toute l'année, avec les championnats d'hiver et d'été. Ils vont du concours de club local à un niveau de championnat, et de nombreux grands concours comprennent des éliminatoires. Les concours généraux d'agriculture incluent généralement aussi des catégories destinées à une large variété de races de chevaux et de poneys.

Mars-avril : British Show Pony Society ; National Pony Society ; Ponies UK Winter Championships ; Shire Horse Society Show.

Mai : Royal Windsor Horse Show.

Juin : South of Angleterre Show ; Three Counties Show ; Cheshire County Show ; Royal Highland Show ; Royal Norfolk Show (ce sont tous des concours agricoles).

Juillet : Great Yorkshire ; Royal Welsh Agricultural Shows ; Royal International Horse Show ; Arab Horse National Show.

Août : Equifest, Peterborough ; National Pony Society Summer Championship Show ; Ponies UK Summer Championship Show ; British Show Pony Society Summer Championship Show ; British Skewbald and Piebald Association World of colour Championships.

Septembre : Royal London Horse Show ; National Hunter Supreme Championship Show ; Royal County of Berkshire Show.

Octobre : Welsh National Foal Show ; Horse of the Year Show ; Birmingham.

Novembre : Royal Welsh Winter Agricultural Show.

Décembre : Olympia ; London International Horse Show.

IRLANDE

Août : Dublin Horse Show.

AUSTRALIE

Concours principaux

Royal Adelaïde Show ; Royal Melbourne Show ; Perth Royal Show ; Royal Launceston Show; Royal Hobart Show.

ÉTATS-UNIS

Concours principaux

The Kentucky State Fair World Championship Horse Show ; Scottsdale Arabian Horse Show ; The Grand Morgan Show ; The US National Arabian & Half-Arabian Championship ; Arabian & Half-Arabian Youth National Championship ; Lexington Junior League ; American Royal National Championship ; All American Horse Classic ; Hampton Classic ; Devon Horse Shows.

CANADA

Can-Am All Breeds Emporium ; Royal Winter Fair ; Canadian Royal National Arabian Championship.

EUROPE CONTINENTALE

Lausanne ; Herning (Danemark) ; Wiesbaden ; Aachen (Aix-la-Chapelle) ; Young Horse Championships Warendorf ; Neumünster ; Dortmund (tous en Allemagne) Hertogenbosch (Pays-Bas) ; Malmö ; Göteborg (Suède) ; Fontainebleau (France).

ASSOCIATIONS

FRANCE
CHEM
Centre d'hébergement
et de protection pour équidés
www.chem.fr

Accueil AVEF
Association vétérinaire équine française
www.avef.fr/

FFE
Fédération française d'équitation
www.ffe.com

EUROPE
Fédération européenne équestre (EEF)
www.euroequestrian.eu

MONDE
Fédération équestre internationale
www.fei.org

RÉFÉRENCES

Le Royaume des chevaux, Elwyn Hartley Edwards, 1992.

Le Grand Livre du cheval. L'élevage, le dressage, les soins, les races, l'équipement et la compétition, Elwyn Hartley Edwards, 1993

Les Chevaux. Le guide visuel de plus de 300 races de chevaux à travers le monde, Elwyn Hartley Edwards, 1997.

L'Encyclopédie du cheval et du poney, Elwyn Hartley Edwards, 1999.

Chevaux, Elwyn Hartley Edwards, Bob Langrish et Patrice Leraut, 2005.

REMERCIEMENTS DE L'AUTEUR

J'aimerais dédicacer *Magnifiques Chevaux* à la regrettée Glenda Spooner, dont le travail avec les poneys indigènes m'a toujours inspirée, et à Zara, une jument arabe enthousiaste – sans le besoin de payer sa pension, je ne serais jamais devenue auteure. Ma gratitude va aussi à Odin, étalon Exmoor, qui m'offre tant de succès et de plaisir en concours.

Et, toujours, à Mick et Buffy.

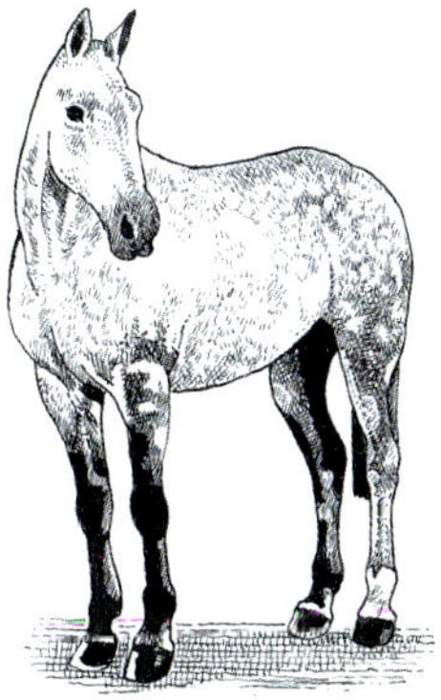

REMERCIEMENTS DE L'ÉDITEUR

Nous souhaitons remercier les personnes suivantes pour leur aide et leur coopération dans l'organisation de la séance photo : Betsy Branyan, Jacqueline Hill et Emily Owen.

Nous tenons également à remercier tous les propriétaires et éleveurs qui nous ont autorisés à photographier leurs chevaux et poneys :

Appaloosa **Ami Dines**
Arabe **Clair Cryer**
Bai de Cleveland **Pamela Shipley**
British Spotted Pony **Carolyn Furnel**
Cheval de couleur **Pat Hart**
Cheval miniature **Kerry Boon**
Cheval de sauvetage **Mrs S.J. Wilson**
Cheval de selle **Sofia Scott**
Cheval de sport irlandais **Cerys Ford**
Clydesdale **Andrew Fryer**
Cob de couleur **Rebecca Williamson**
Cob de couleur traditionnel **Colin Deane**
Cob gallois/ Welsh section D (bai)
Georgina Wilkes
Cob gallois/ Welsh section D (peau de daim)
Richard Albon
Cob gallois des montagnes/ Welsh section A
Carol Simmons
Cob léger **Sam Cook**
Comtois **Emma Bailey**
Connemara **Laura Sheffield**
Dales **Denise Macleod**
Dartmoor **Tania Mizzi**
Demi-sang britannique **Natalie Arnold**
Exmoor **Annette Perry**
Fjord **Jade Ward**
Frison **Sam Willimont**
Haflinger **Sarah Hodges**
Hanovrien **Ginny Rusher**
Highland **Jane Murray**
Morgan **Mrs T. Reeve**
New Forest **Jane Walker**
Poney gallois/Welsh section B **Gareth Roberts**
Poney de selle britannique **Jenna Tate**
Premier poney de selle **Simone Yule**
Pur-sang **Donna Bamonte**
Quarter Horse **Caroline Hazell**
Shetland (alezan) **Victoria Wakefield**
Shetland (bicolore) **Claire Thompson**
Shire **Jodie Locke**
Suffolk **Glen Cass**
Trait belge-canadien **David Mouland**
Trait irlandais **Katie Garrity**

INDEX